Stimmen unserer Erde

Bild auf der vorderen Umschlagseite:
Landschaft auf dem San Pedro-Vulkan am Atitlan-See in Guatemala

Bild auf der hinteren Umschlagseite:
Bewegungen .... zur Verehrung der Mutter Erde (aus Mexiko)

Bibliografische Information der Deutschen Nationalbibliothek
**Die Deutsche Nationalbibliothek verzeichnet diese Publikation in der Deutschen National-
bibliografie; detaillierte bibliografische Daten sind im Internet unter: http://dnb.d-nb.de
abrufbar.**

Impressum:
© Anette Frytz, 2008
Fotos: © Anette Frytz, Foto Seite 36: © Gerd Seidel
Aquarelle/Zeichnung: Anette Frytz
Herstellung und Verlag: Books on Demand GmbH, Norderstedt

ISBN: 978-3-8370-6689-0

STIMMEN UNSERER ERDE

Eine etwas andere Art einer Weltreise
von
Anette Frytz

Diese Worte sind für:

die Familie, insbesondere für Antonia, Georg, Johanna, Richard und Uwe.

die Menschen dieser Erde, denen es gelungen ist, über Jahrhunderte ihr Wissen, ihre Weisheit, ihre Traditionen, ihre Kultur und damit ihre Würde aufrecht zu erhalten.

Inhaltsverzeichnis

Vorwort

„Stimmen unserer Erde" ist eine Collage aus verschiedenen einzelnen Geschichten, die den Leser einlädt, unsere Welt aus anderen Perspektiven zu erkunden.

Und wie kann der Leser erkunden?

Da hilft Mexikanisch:
„Respektieren Sie alles, was Sie hören und
stellen Sie alles, was Sie hören, in Frage."

Und wenn Sie wollen, dann können Sie etwas tun, ganz aus sich selbst heraus,

mit Freude und Liebe
und nur
mit Freude und Liebe.

1. Schmetterlinge, Menschen und andere Lebewesen

•

Der Flügelschlag eines Schmetterlings

Am Montag kamen die 6jährige Tochter und der 4jährige Sohn mit einem Schmetterling in der Hand nach Hause. "Warum habt ihr den Schmetterling in der Hand? Ihr wisst doch, er könnte sich verletzen oder gar sterben!", tadelte die Mutter. Darauf antwortete die Tochter: "Aber Mama, wir haben ihn doch gerettet!" Erst jetzt sah die Mutter, daß der Schmetterling verletzt war. Die Pigmente auf seinen Flügeln fehlten zum Teil. Auch krabbeln konnte er nicht mehr. Es sah nicht gut aus.

Die Kinder erzählten, daß zwei Jungen den Schmetterling fingen, ihn herumwarfen, an ihm zupften und ihn schließlich zu Boden warfen. Die Tochter bat die beiden, damit aufzuhören. Doch die Jungen machten weiter. Die Mutter umarmte ihre Tochter und die Tochter fragte: "Kannst du ihn wieder gesund machen? Bitte mach ihn wieder gesund!" Dabei hatte sie Tränen in den Augen; die Mutter auch.

Also nahmen sie den Schmetterling und legten ihn in die Sonne gut geschützt durch eine Pflanze im Garten. Nun war die Mutter nur eine Mutter und hoffte, daß der Schmetterling wenigstens friedlich einschlafen könnte. Am nächsten Tag war sie gerade mit der Hausarbeit beschäftigt, da betrachtete sie den Schmetterling. Ein Flügel bewegte sich. Der Wind? Doch dann bemerkte sie, daß er noch lebte. Was für ein Kämpferherz!

Die Kinder nahmen sich dem Schmetterling an, sorgten für Nahrung und versuchten ihm Mut und Trost zu spenden. Die Mutter legte noch etwas Musik auf, denn aus Erfahrung wußte sie, daß Musik die Dinge bewegen kann. So nahm sie "Tloke Nauake" (aus dem Nahuatl: dicht beieinander). Der Schmetterling bewegte sich fast ununterbrochen. Am Versuch zu fressen, scheiterte er jedoch. Irgendwann gegen Mittag bewegte er sich nicht mehr. Nachdem die Kinder von der Schule nach Hause kamen, hofften sie, er würde sich nur ausruhen. Doch das tat er nicht. Es gab bittere Tränen. Als die Mutter Trost spenden wollte, erwiderte die Älteste, daß Tränen gut seien. So ließ die Mutter ihre Kinder weinen.

Später meinte die Älteste, sie würde die Jungen hassen. Die Mutter versuchte ihr zu erklären, daß es nicht gut sei, zu hassen. Die Jungen wüßten es einfach nicht besser. Sie weinte noch lange und sagte schließlich, sie würde die Jungen niemals lieben.

Jeder möge diese kleine Geschichte so nehmen, wie er sie versteht.
Nur soviel: Was geschieht mit solchen Menschen, wenn sie erfahren, daß wir nicht nur Schmetterlinge töten? Was geschieht, wenn sie bemerken, daß wir Bäume, Tiere und alles was uns umgibt verdrängen? Was geschieht, wenn sie bemerken, daß Menschen Menschen töten; daß die ganze Erde immer noch in Bruchteilen einer Sekunden in die Luft gesprengt werden kann.

Ziehen solche Menschen sich dann in sich zurück, resignieren oder werden gar von der "Mottenverrücktheit" befallen? Fliegen sie womöglich gegen Hochhäuser? Oder finden sie noch einen anderen Weg?

••

Gedanke

Bloß ein Gedanke.
Bloß ein Wort.
Bloß ein Bild.
Bloß ein Steinwurf.
Bloß eine Gewehrkugel.
Bloß eine Bombe.
Bloß ein Krieg.
Bloß ein Tod.

Lieber Mensch, wenn Sie diese eben geschriebenen Gedanken nicht fliegen lassen möchten und Sie sich fragen, was es kostet, diesen Flug zu verhindern, dann sagen Sie folgendes:

Unbezahlbar.

Bloß ein Gedanke mit Respekt.
Bloß ein Wort mit Achtung.
Bloß ein Bild mit Verantwortungsgefühl.
Bloß eine zarte Berührung.
Bloß Liebe.
Bloß Weisheit.
Bloß Frieden.
Bloß Leben.

•••

Ein Freitag

Am Freitag kam die älteste Tochter freudestrahlend zu ihrer Mutter: "Mama, Mama, stell dir vor, ich habe heute mit den Jungs gesprochen, die den Schmetterling quälten und habe ihnen alles erzählt. Es tat ihnen leid. Einer hat sogar diese Wiesenblumen für das Grab gepflückt!" Und die Tochter legte die Blumen nieder.

●●●●

Ein Lied

Dieses Kapitel endet mit einem Lied, das ein Kind im Alter von
fünfzehn Jahren, welches heute Mutter von vier Kindern ist, mitten in
der Nacht aufschrieb:

Daß die Welt in Frieden lebt.
Daß kein Mensch vor Hunger fleht.
Dafür kämpft auf dieser Welt,
daß die Erde ihr Leben behält.

Daß die Pflanze wachsen kann.
Alle Wesen leben dann.
Dafür kämpft auf dieser Welt,
daß die Erde ihr Leben behält.

Blaues Wasser statt verölt.
Luft zum Atmen nicht verpönt.
Dafür kämpft auf dieser Welt,
daß die Erde ihr Leben behält.

Völker, vereint Hand in Hand.
Völker, kämpft für Frieden in einem Band.
Kämpft für all das auf der ganzen Welt,
daß dieser Planet sein Leben behält.

2. Wege der Erfahrungen

Die ersten Erfahrungen sammeln wir bereits im Leib unserer Mutter. Nun könnten wir über den Begriff „Erfahrung" eine lange Abhandlung schreiben. Für mich stehen Erfahrungen auf vier Säulen:

Eine Säule ist, was wir in unseren Genen schon mitbringen und was wir von unseren Vorfahren mit uns tragen. Die zweite Säule ist das, was wir selbst lernen - sich selbst zu fragen: Was ist das? Was bedeutet das für mich? Die dritte Säule ist die Prägung durch das Elternhaus, die soziale Kompetenz, die hier vermittelt wird. Und die vierte Säule ist die:

•

Bildung

Bildung – ein großes Wort. Und was ist sie uns wert? Was ist Bildung überhaupt?

Bild – ung.
Gestatten Sie die künstlerische Freiheit, dieses Wort anders zu trennen als es Konrad Duden in seinem Werk vorschlägt? „Bild". Jeder hat Bilder im Kopf. Bilder vom Traumhäuschen, von der Traumfrau, dem Traummann, den Traumkindern, Traum.... .

Wir sehen unsere Träume gern erfüllt und tun etwas für deren Umsetzung mit Herz und Verstand. Wir arbeiten, geben unsere Erfahrungen weiter und halten so die Stricke zusammen. Jeder einzelne von uns macht das auf seine Art. Jeder einzelne von uns hat dabei andere Bilder und hat somit eine andere Bildung.

Manchmal prallen aber auch verschiedene Bilder aufeinander. Auch das ist gut. Mit Respekt zeigt jeder einzelne dem anderen sein Bild. Das Wechselspiel von Frage und Antwort entsteht und daraus wird eine neue Kreation, ein neues Bild, das es nun gilt, gemeinsam umzusetzen.

Bildung, die sich so aus sich selbst heraus entwickeln kann: frei, würdevoll, respektvoll aber auch in Demut.

Die Weichenstellung beginnt in der Familie und kann dann in Bildungseinrichtungen weitergeführt werden. Gut, wenn dort die Bildung auf verhärteten Strukturen nicht erstickt wird und Platz für freie Gedankenbilder läßt.

Erlernte Pädagogik, umgesetzt mit viel Engagement ist eine wichtige Schiene. Doch ein Gleis hat bekanntlich zwei Schienen, damit ein Zug fahren kann. Die zweite Schiene sind die Erfahrungen von außerhalb der Pädagogik. Dazu zählt die familiäre Begleitung genau so wie einzelne Menschen, die mit ihren Erfahrungen und ihrem Gefühl, weitere wertvolle Bausteine auch in Bildungseinrichtungen legen können. Und sei es beim einfachen Stricken, Weben, Musizieren, Kochen, Werkeln oder Gedichte und Märchen rezitieren......

Musik? Selbst die Mathematik geht mit Musik.

Und Sport? Nach einer guten Bewegung sitze ich gern still.

Astronomie? Nach den Sternen greifen.

Philosophie - Suche nach Weisheit?

Ich sehe eine beliebige Sache und glaube, daß sie so ist. Nun möchte ich es aber auch gern wissen. So schaue ich mir den Inhalt der Sache an und verstehe vielleicht, was mir Glauben und Wissen sagen wollen.

Glaube und Suche nach Weisheit.

Ich glaube an Wunder. Da sitze ich da und warte auf ein Wunder. Beim Warten kommen mir manchmal die verschiedensten Gedanken. Es könnte sein, daß ich mich irgendwann einmal in Bewegung setze. Dies ist aber nicht zwingend. Wichtig ist, daß ich glücklich bin, bei dem was ich tue oder auch nicht tue.

Der andere glaubt an einen Lottogewinn. Auch das ist möglich. Solange wir beide uns nicht streiten, wer von uns nun mehr glaubt, ist das völlig in Ordnung. Denn dann herrscht Frieden. Und Frieden wiederum ist die einzige Basis, um zur Weisheit zu finden. Daran glaube ich.

Glauben ohne Wissenschaft ist zu langsam. Wissenschaft ohne Glauben ist zu schnell.

Wo ist der Glaube an die kleinen Wunder, die täglich geschehen? - ein Sonnenaufgang, eine Geburt, ein Lied der Vögel, der Duft der Blumen, das Plätschern von Wasser, das Wirbeln von Staub im Winde, das Knistern der Äste bei einem Lagerfeuer und die Funken, die dabei entstehen....

• •

Die Schule

Freudestrahlend und hoch motiviert gehen die Kinder am Morgen mit Schulranzen und Schultüte in die Schule, denn nun werden sie stolze Schulkinder. Erwartungsvoll schauen Sie auf die Lehrer, denen sie sich jetzt anvertrauen sollen und auch werden.

Kurz zuvor packte ich die Turnsachen von meinem Sohn in den Turnbeutel. Das neue Schuljahr beginnt. So schaute ich auch noch einmal in den Schulranzen des Sohnes:

Da lachten mich doch tatsächlich 22 Hefte an - noch einmal zum Mitschreiben: zweiundzwanzig Hefte. Die gute Hälfte davon war im A5-Format. So wird immerhin 50% Papier im Vergleich zum A4-Format gespart. Im gleichen Moment stelle ich mir vor, ich wäre Lehrerin und müßte all die 22 Hefte von 23 Schülern korrigieren........... exakt 506 Hefte. Täglich? Komme ich dann noch zum täglich Brot backen? Die Schüler wissen zwar, wo sie die Milch kaufen können und wie sie die Flasche öffnen müssen. Erfahren sie aber auch, woher die Milch kommt, um sie dann in die Flasche hinein zu tun?

Zu meiner Schulzeit hatten wir in der 2. Klasse ca. 5 kleine Hefte. Wie die Milch in die Flasche kommt, habe ich aber auch in dieser Schule nicht erfahren.

Eine Freundin erfuhr das zu ihrem 22. Geburtstag. "Das ist mein schönstes Geburtstagsgeschenk.", sagte sie, während die ersten Tropfen aus dem Euter einer Kuh in einem richtigen Kuhstall durch die Kraft ihrer Hände in den Eimer flossen.

22 Hefte also - zur Freude der globalisierten Papierindustrie. So viele Bäume haben wir hier auf dem Dorf in Europa nicht mehr, als daß wir 506 Hefte für eine Schulklasse in unserem Dorf herstellen könnten.

So nehmen wir den Wald in Mexiko......?
Und fehlt der Wald in Mexiko, dann fehlt auch uns hier bald die Luft.

Ich fragte meine Schwiegermutter, wie das damals war:
"Damals hatten wir nichts." sagte sie. "Sogar die Schiefertafel haben wir von unserer Cousine bekommen. Die Zeilen darauf waren kaum noch sichtbar. So war es nicht leicht, überhaupt das exakte Schreiben zu lernen. Das war vielleicht eine Arbeit täglich den Schieferstift zu spitzen! Der mußte immer spitz sein. Sonst konnten wir nicht schreiben. So eine Schiefertafel war natürlich auch sehr schnell vollgeschrieben. Dann mußten wir uns eben den Rest merken."

Und der Rest muß ganz schön groß gewesen sein, denn diese Schwiegermutter hat immerhin nicht nur in der Landwirtschaft gearbeitet, sondern nebenbei auch noch studiert, ein Haus gebaut und für die Familie gesorgt. Und selbst heute noch ist ihre Erfahrung in einem Familienbetrieb gefragt und wird gewürdigt. Dabei versteht sie durchaus – wenn es unbedingt sein muß – auch die moderne Kommunikations- und Bürotechnik zu bedienen.

Doch einen Zettel möchte ich trotzdem noch einfügen:
Die Kinder und Eltern erhalten einen DIN A4 Zettel von vorn und hinten beschrieben. Das sind alles Dinge, die die Eltern besorgen müssen, neben dem Schulranzen für den Buckel. Alles ist ganz genau vorgeschrieben: Welches Heft in welchem Umschlag, die Größe des Heftes, kleinkariert und großkariert, liniert und ohne; mit Rand und ohne Rand, Rand ganzblättrig umrahmt und doch nur halb oder gar nicht, verschiedene Mappen, dicke und dünne Stifte .... .

Das Kind kommt mit einem Vierer nach Hause - in Mathematik. Dabei kann sie eigentlich gut Rechnen. Was ist passiert? Die meisten Aufgaben waren richtig. Allerdings waren zum Schluß dann plötzlich keine Aufgaben gerechnet. Darunter stand: "Ihr Kind ist immer noch zu langsam. „Warum?" - Fragen sich die Eltern.

Der Vater setzt sich am Abend hin und erdenkt sich kindgerechte und spannende Aufgaben. Gleich vier A4 Seiten voll. Er übergibt sie seiner

Tochter und sagt: "Davon machst du jetzt jeden Tag eine Seite." Das Kind rümpft die Nase. Am ersten Tag krümmt sie sich und will perdu die Aufgaben nicht machen.

Doch dann, plötzlich, sitzt sie da und rechnet. Was ist los?

Sie erkennt, daß man Papas Aufgaben auch anders rechnen kann. Man rechnet nicht einfach vor sich hin. Vielmehr schaut sie sich die Zahlen an, erkennt einen Rechenweg und hat dann auch das Ergebnis. Damit sie noch mehr Freude hat, schob der Vater noch ein paar Multiplikationsaufgaben dazwischen. Die kommentierte die Tochter auf dem Blatt mit: „Das ist leicht." In der Schule ist zu diesem Zeitpunkt das Thema Multiplikation noch nicht angesprochen worden.

„Am nächsten Tag fliegen 4 Hühner über den Zaun und 2 Kühe steigen darüber. Max versucht die Beine zu zählen, kommt aber dabei durcheinander, weil die Tiere nicht stehenbleiben.

Hilf ihm durch eine Rechnung:

Max hätte ...... Beine zählen können."

Es ist eine sehr schöne Aufgabe. "Hilf ihm durch eine Rechnung." Warum "durch eine Rechnung?" Es gibt Menschen, die benutzen gern Bilder, ihr Gehör, ihren Geschmack, ihr Gefühl. Warum zwingen wir zur Abstraktheit? Ist die Welt, in der wir leben abstrakt? (abstrakt: theoretisch, ohne unmittelbaren Bezug zur Realität)

Zur Aufgabenstellung hätte völlig ausgereicht: "Hilf ihm!" Und ein Lehrer kann dem Kind noch die Frage stellen: "*Wie* bist du denn auf das Ergebnis gekommen?" Das eine Kind schreibt einen ausführlichen Aufsatz darüber. Das andere Kind schreibt ein oder zwei Rechnungen. Ein drittes Kind sagt: "Das sieht man doch!" Und ein viertes Kind: "Das habe ich im Gefühl." Ich bin sicher, es gibt noch mehr Lösungs*wege*.

Also, warum wollen wir alle gleich machen und dann auch noch abstrakt, wo wir doch alle auch anders sind?

Und warum Zäune malen, wenn die Kühe und Hühner sowieso darüber springen?

Das sind natürlich nur Beispiele. Stimmt. Doch jedes Leben ist ein Beispiel und ist es wert, sein zu dürfen, sich frei entwickeln zu dürfen.

So gibt es trotz aller Vorlagen und Restriktionen Lehrer und Lehrerinnen, die Farbe in die Schule bringen; so viel Farbe, daß Eltern und Schüler in Absprache mit der Schule aus Dankbarkeit einen kleinen Apfelbaum in den Schulgarten pflanzen, auf daß dieser wachsen und süße Früchte tragen möge.

Die Schule des Lebens hat viele Gesichter. Dazu gehört auch und insbesondere die Familie.

• • •

Eltern und Schwiegereltern

Am Wochenende waren die Schwiegereltern zu Besuch. Das ist nichts Schlimmes, jedenfalls bei uns nicht. Im Gegenteil. Wir freuen uns, wenn die Schwiegereltern und Eltern den Weg von ihrem 500 km entfernten zu Hause zu uns finden. Man unterhält sich, tauscht Erfahrungen aus, macht Späße, und die Kinder haben jemand anderen zum Spielen. Spiele, die sie mit ihren Freunden nicht spielen können und für die die Eltern oft keine Zeit finden.

Um so trauriger ist es dann, wenn es am Sonntagvormittag heißt: "Rückzug nach Hause." "Oh, Oma und Opa, ihr wollt schon nach Hause. Das war aber kurz. Das nächste mal bringt ihr Hugo, den Kater, mit. Dann könnt ihr länger bleiben. Und ein Haustier wollten wir auch schon immer haben!" Ja, dann winken die Kinder, Tränen kullern. Eine tiefe Traurigkeit macht sich breit und der Tag ist aus dem Lot geraten.

Am späten Nachmittag hat sich das Lot dann aber wieder eingependelt.

Aber, etwas ganz anderes. Haben Sie schon einmal in einem Panzer gesessen? Panzer? Was hat das nun schon wieder mit den Schwiegereltern und Eltern zu tun?

Als Jugendliche schaute ich mich einmal in einer Armee um:

Ein Kommandant führt mich über das Armee-Gelände am Rande einer Stadt, einer Stadt wie es viele gibt auf unserer schönen Erde. Da gibt es viel zu sehen: unter anderem brüllende Kommandanten, die versuchen mit uniform gekleideten Menschen zu kommunizieren. Das funktioniert auch irgendwie, denn diese laufen alle im Gleichschritt. Dann sehe ich den ganzen Stolz der Kompanie - einen Panzer. Ich darf sogar darauf herumklettern und hineinklettern. Das ist spannend.

Schon beim Hineinklettern stoße ich mich mindestens dreimal am Kopf. Dann zwänge ich mich irgendwie auf den Sitz und stoße mich auch gleich noch mehrmals. Sitze ich nun endlich auf dem Sitz, ist mir schon ganz rammdösig vor lauter Kopfschmerzen. Jetzt suche ich verzweifelt

19

die Fenster, um nach frischer Luft zu schnappen. Die gibt es aber gar nicht. Nur vorne sind zwei dünne Schlitze, wo ich mit halb zusammengekniffenen Augen Teile der Landschaft gerade so anschauen kann. Was passiert eigentlich wenn eine kleine weiße Maus meinen Weg kreuzt. Bemerke ich sie, die kleine Maus und komme ich auch noch rechtzeitig zum Bremsen?

Und dann steht er mir gegenüber - der Feind. Jetzt bekomme ich Angst. Ob es dem anderen wohl auch so geht wie mir? Dem wird bestimmt auch erzählt, ich bin ein Feind.

Jetzt gibt es zwei Möglichkeiten.
Entweder wir beide schießen gleichzeitig. Dann sind zwei Feinde weg. Oder aber, ich bremse und halte an, drehe meine Kanone so, daß sie nicht mehr auf den Feind zeigt und öffne meine Klappe, denn ich halte die Enge sowieso nicht mehr aus. Dann steige ich aus und passe diesmal besser auf, daß ich mich nicht am Kopf stoße und biete jetzt dem Feind meine Marschverpflegung an. Vielleicht werden wir dann Freunde?

Ich gehe auch beim Oberkommandanten vorbei. Dort warten schon andere Menschen, die in einem Kreis an einem Tisch sitzen. Der Oberkommandant schaut grimmig in die Runde und sagt: "Bei uns werden *Männer* gemacht!"

Hat der gute Mann denn im Biologie-Unterricht nicht aufgepaßt?
Spielte er lieber Fußball?: Zwei Mannschaften mit je elf Männern oder solche die es werden wollen, versuchen einen Ball in zwei riesengroße Netze zu treten. Es gibt auch Frauen, die spielen dieses Spiel. Das Ballspiel, das aber die meisten Frauen kennen, und das auch die Männer miterleben können, sofern sie wollen, beginnt 18 Jahre und 9 Monate vor einem Fußballspiel auf dem Armee-Gelände.

Nämlich genau dann, wenn sich eine Frau und ein Mann treffen und sich lieben. Dann entsteht aus einer winzigen Samenzelle und einer Eizelle ein Menschlein. Obwohl es schon irgendwie feststeht, weiß man jetzt noch nicht, ob man einen Mann oder eine Frau gemacht hat. Ist das wichtig?

Wichtig ist, daß sich dieses kleine Menschlein im Bauch der Mutter wohl fühlt. Und der Mann kann mit seiner Liebe zur Frau und dem kleinen Menschlein im Bauch sehr viel dazu beitragen, daß dem so ist.

Und nicht nur der Mann ist dafür verantwortlich, auch die Schwiegereltern, Eltern, Brüder und Schwestern und alle, von denen diese Mutter umgeben ist. Das Menschlein im Bauch wächst und auch das Bäuchlein der Mutter wächst und gleicht bald einem Fußball. Doch keiner würde es auch nur wagen, gegen diesen Ball zu treten.

Nach neun Monaten bringt die Mutter das Kunststück fertig, aus einer zitronen-großen Öffnung ein fußball-großes Geschöpf herauszupressen. Ein neuer Mensch ist geboren und wird in Liebe empfangen. Mit Liebe legt die Mutter dieses Geschöpf an ihre Brust. Man hört zwei Herzen schlagen. Spätestens jetzt weint die Mutter vor Freude und mit ihr der Vater, der hoffentlich diesem Akt der Geburt mit beiwohnen durfte. Auch die Schwiegereltern und Eltern, Brüder und Schwestern und alle, die uns umgeben, freuen sich und weinen vor Freude.

Und dann...., dann setzen wir sie in Panzer.....

Ein kleines Lied von einem kleinen Kind, nun gut – ca. 14 Jahre jung – damals:

Einsamer Cowboy

Einsamer Cowboy reitet durch die Welt,
kennt all die Berge, Wüsten und Feld.
Liebe und Wärme sind ihm unbekannt.
Und bald wird auch sein Name
verweht sein vom Sand.

●●●●

Brüderschaft

Terror. Ein unschönes Wort. Leider liegt es nun aber einmal in der Luft, ganz zu schweigen von dem Bombardement in den Medien.
Was fällt Ihnen dazu ein, wenn Sie Terror hören? Ein Präsident der USA? Wie bitte? Da haben Sie wohl etwas unrichtig verstanden. Den meisten fällt dazu ein Saudi-Araber in Afganistan ein.

Den sucht ein Präsident aus den USA und findet ihn nicht. Ein Saudi-Araber hat eine sehr gute Ausbildung in der westlichen Welt genossen. So ist es logisch, daß die aus dem Westen die aus dem Nahen Osten im Osten nicht finden werden, weil die aus dem Nahen Osten genau wissen, wo sie sich im Osten vor denen aus dem Westen verstecken müssen. Wenn also ein Saudi-Araber ein Terrorist ist und von der westlichen Welt ausgebildet wurde. Dann haben Sie ja recht.

Und nun? Wer ist die westliche Welt– allen voran die USA? Wer ist die USA? Die besteht aus Menschen. Wenn Menschen die USA bilden, dann sind zwangsläufig auch die Menschen in den Terror verwickelt. Und ich? Ja, ich natürlich auch! Denn Deutschland ist ein Bruder von den USA. Und die Armee von den Palästinensern hat bestimmt auch Waffen aus den USA und Bruderstaaten und Saudi-Araber in Afganistan sowieso. Und und und. Demnach sind wir alle Brüder.

Himmel und Erde! Warum reichen wir uns zur Abwechslung nicht einfach einmal die Hände und umarmen uns?

Ein Lied, aus einer Kindheit:

Eine Welt

Eine Welt, die ihre Menschen liebt.
Eine Welt, die ihre Augen nicht verschließt
vor dem Hunger, der Not und der Angst.
Wo die Blume und der Baum die Schönheit bestimmt.
Wo das Wasser sauber den Flüssen entrinnt.
Dafür sollten wir endlich etwas tun.
Dafür sollten wir endlich etwas tun.

3. Wirtschaft

•

Business und andere Geschäfte

Geld.
Der Mensch als Kostenfaktor.
Wird das vom Menschen erschaffene Geld über den Menschen selbst gestellt, verliert der Mensch seine Menschlichkeit und wird zum Kostenfaktor.

Bin ich mir dessen bewußt?
Vielleicht lohnt es, sich dies bewußt zu machen. Bewußt werden über sich selbst. Bewußt werden über das, was mich umgibt und was es bedeutet. Als nächstes Verantwortung übernehmen für mich selbst. Erst dann kann ich Verantwortung übernehmen für andere; Respekt gegenüber den anderen und Feingefühl und Takt entwickeln für meine Umwelt. Klingt eigentlich ganz einfach. Ist es auch. Ja, warum machen wir es nicht einfach? Wer fängt an? Da ist sie schon wieder – die große Herausforderung.

Obwohl..... in jedem Dorf gibt es Menschen, die freuen sich, wenn sie etwas für sich und andere tun können und sind glücklich über die Freude, die sie dabei erleben. Nehmen wir all die Menschen, die sich in Vereinen einbringen; Großmütter, die den Kindern das Stricken und Häkeln beibringen; Großväter, die den Kindern die Natur näher bringen; Eltern, die den Mut haben auch in schweren Zeiten für Kinder zu sorgen.

Auch wenn ich in den Medien hören, sehen und lesen muß: „Generationenkonflikt. Die „Alten" leben auf Kosten der „Jungen", gehe ich gern offen auf die „Alten" zu und höre mir gern ihre Geschichten und Lebensweisheiten an.

So hörte ich von einer reifen Dame, die lange Zeit in Südafrika lebte und arbeitete, eine Geschichte über Einheimische in Südafrika:

„Mit eigener Hände Arbeit erschufen sie eine kleine Textilfabrik und konnten gut davon leben - bis dann eine deutsche Wohltätigkeitsgesellschaft mit gespendeten Kleidern aus Deutschland gleich neben der Textilfabrik in Südafrika ihre Kleider billigst verkaufte. Die Textilfabrik ging pleite und damit auch ein Stück Wertgefühl und Würde der südafrikanischen Menschen."

Von einem Mann erfuhr ich weiterhin eine Geschichte aus Mittelamerika:

Im Urwald von Peten versuchen Menschen - Einheimische zusammen mit Menschen von jenseits des Atlantiks - die alte Kultur wieder zu beleben, sie in den Alltag der dort lebenden Menschen zu integrieren und auch für Interessierte zugänglich zu machen. Von anderen bewaffneten einheimischen Truppen werden sie verjagt, kunstvolle Stelen von historischen Bauwerken und andere Zeugen der Kultur werden abgesägt und in die „Zivilisation" verkauft.

Wissen die bewaffneten Einheimischen, daß sie damit nicht nur ihre eigene Kultur verkaufen? Und wissen die „Zivilisierten" um die Bedeutung dieses Kulturverlusts anderenorts auch für sie selbst?

Und eine Geschichte von Nordafrika sah ich selbst:

Am Strand von Sousse in Tunesien verkauften Einheimische, sogar Kinder ihren Körper für Geld an Touristen. Wissen diese Menschen, daß sie dafür einen sehr hohen Preis zahlen? Denn sie verkaufen nicht nur ihren Körper. Und wissen die Touristen, die auf ein solches Angebot eingehen, wieviel Würde sie diesen Menschen nehmen?

Doch es geht auch anders:

In Tozeur in Tunesien zeigte mir ein junger Mann voller Stolz ein mit Kraft der einheimischen Menschen geschaffenes traditionelles Wasser-Kanalsystem, das die Wüste zum Erblühen brachte.

••

Verkäufer

Einst wartete eine Frau auf ihren Ehemann am Flughafen, um ihn von einer Geschäftsreise abzuholen. Dort konnte sie interessante Beobachtungen machen. Die Passagiere von den Flügen kamen aus zwei verschiedenen Ausgängen heraus. Aus dem linken Ausgang kamen ganz gewöhnliche Menschen mit einfachen Gepäckstücken, Freizeitkleidung, maximal einfachen Anzug mit Schlips. Meist waren sie frisch und munter und wurden von Angehörigen und Freunden abgeholt.

Dann gab es den rechten Ausgang. Da kamen Leute in Designer-Anzug, Designer-Schlips, Designer-Gepäck, Designer-Handy am Ohr und ... überhaupt alles designed, sogar der tote, kalte Blick. Kaum jemand empfing diese armen Leute auf dem Flughafen. Was machen diese Leute? Verkaufen? Sich selbst? Ihre Mutter? Zahlen?

•••

Zahlen

Die deutsche Steuererklärung.

Viele verschiedene Zahlen in die rechte Spalte sortieren. Ganz einfach: Sie setzen sich zu Hause hin und sortieren ihre Zahlen auf ein Formular. Doch arbeiten Sie bitte äußerst korrekt, am besten perfekt. Noch zehn Jahre können vergehen, nachdem Sie Ihre Unterschrift unter dieses Formular setzten, bis ein menschliche Fehler aufgrund des Dickichts an Gesetzen, Verordnungen und Durchführungsbestimmungen erkannt wird. Dann schieben Sie das Formular wieder auf das Amt. Dort werden noch einmal Zahlen sortiert und auf ein anderes Formular gebracht. Nun wird hin und her geprüft.

Sie bekommen ein Formular zurück. Darauf steht eine Zahl. Diese Zahl wird wiederum auf ein anderes Formular geschrieben, nämlich ihrem

Konto, vorausgesetzt natürlich Sie sind mit der Zahl einverstanden. Falls nicht, beginnt die ganze Prozedur noch einmal von vorn.

Was haben wir jetzt eigentlich gemacht?

Damit die Zahlen hin und her geschoben werden können und keiner eigentlich so richtig weiß, was wann wo welche Zahl wie warum macht, werden riesige Bürogebäude gebaut, wo sich dann wenige Menschen um die vielen Zahlen kümmern. Wo ist der lebendige Bezug bei dieser Prozedur? Ich nenne das mathematische Pathologie. In der Pathologie werden auch leblose Körper untersucht. Gelegentlich findet man dort auch etwas, was weiterhilft.

Aber was findet sich bei der mathematischen Pathologie? Sünder? Aber kann man diese nicht auch einfacher finden? Und findet man so die wirklich großen Sünder, die sich zwischen den Zahlen verstecken?

Und das ist nur einer von vielen Wirtschaftszweigen, die sich mit Zahlen beschäftigen. Und alles wird fein säuberlich dokumentiert – auf Papier, parallel zur elektronischen Dokumentation, solange bis es kracht? Und sei es an der Börse? Kann bei diesem Durcheinander der Zahlen noch ein Mensch nachvollziehen welcher Mensch hinter welcher Zahl steckt?

Angenommen, wir nähmen sämtliches Papier, was sich so über die Jahre angesammelt hat. Dann machen wir Pappmacheè daraus, formen es zu großen Quadern und bauen eine große Pyramide damit. Ich bin sicher, der Tempelberg, Teotihuacan und die Cheops-Pyramide, Stonehenge, Lhasa, Macchu Pichu, Chichen Itza, Black Hills, Uluru und wie sie alle heißen, würden in ihrem Schatten erblassen.

Wirklich?

●●●●

Das eierlegende Wollmilchreh

Versuchen wir es einmal mit Tauchen. Das kann praktisch jeder. Dazu brauchen wir: eine Tauchermaske, zwei Schwimmflossen, eine Tarierweste mit Inflator, Gewichte und .... ganz wichtig .... eine Pressluftflasche. Bevor wir wirklich tauchen können, sollten wir das mit der Tarierweste verstanden haben, denn die sorgt für das auf und ab unter Wasser und hält uns in der Schwebe, damit wir die herrliche Unterwasserwelt beobachten können. Beobachten!!!! Nicht anfassen oder gar Sammeln!!!! Dann halten wir das Gleichgewicht. Das geht an und für sich ganz leicht.

Wir brauchen nur ein bißchen Übung mit dem Inflator: Drücken wir auf den einen Knopf, wird Luft aus der Pressluftflasche in die Tarierweste gepreßt - eine Inflation und wir schweben nach oben. Drücken wir auf den zweiten Knopf, dann wird Luft wieder aus der Tarierweste herausgelassen - eine Deflation und wir schweben nach unten. Wie gesagt, die ganze Kunst des Tauchens ist es, diese beiden Knöpfe zu bedienen und das können wir lernen, wenn wir wollen.

Für die freien Marktwirtschaftler unter uns, die gern auch auf Knöpfe drücken und ihre Aktionen mit der Enter-Taste abschließen; dabei ein paar Zahlen hin und her schieben und vor lauter Euphorie den praktischen Bezug zum Leben völlig verloren haben, denen rate ich nur für kurze Zeit, zu einem Touristen zu werden und es einmal mit Tauchen zu versuchen. So wird diesen sofort am eigenen Körper aufgezeigt, was Inflation und Deflation im wirklichen Leben bedeuten.

Drücken Sie bloß nicht zu lange auf dem Inflationsknopf herum. So kommen Sie niemals zum Tauchen. Höchstens Sie drücken so lange, bis die Tarierweste platzt. Dann ziehen Sie die schweren Gewichte ganz schnell nach unten. Aber hoch kommen Sie dann auch nicht mehr. Sie können es gern auch noch einmal mit dem Deflationsknopf versuchen. Solange bis Sie nur noch rosa sehen. In diesem Zustand finden Sie aber auch nicht mehr den Knopf für die Inflation. Ihr Kapital aus der freien Marktwirtschaft hilft Ihnen so auch nicht mehr.

Das Kapital. Was dem einen das Verschieben von Zahlen mit der Enter-Taste ist, ist dem anderen das Tanzen, während wieder andere lieber reden, schreiben, schweigen .... . Und wer sorgt in der Zwischenzeit für das Wohl des eierlegenden Wollmilchrehes - unserer Mutter - der Erde?

ich	sorge mit Liebe für das Wohl
du	sorgst mit Liebe für das Wohl
er/sie/es	sorgt mit Liebe für das Wohl
wir	sorgen mit Liebe für das Wohl
ihr	sorgt mit Liebe für das Wohl
sie	sorgen mit Liebe für das Wohl

DANN:

ich	werde leben
du	wirst leben
er/sie/es	wird leben
wir	werden leben
ihr	werdet leben
sie	werden leben

Soviel zur Konjugation in deutscher Sprache.

4. Heilungen

•

Werkstatt

Haben Sie schon einmal ihr Auto in die Werkstatt gebracht und bei der Reparatur zugeschaut?

Sie geben die Papiere und das Auto dem freundlichen Monteur der großen Autowerkstatt. Sie brauchen eine große Werkstatt, denn ihr Auto ist ja auch groß. Der Monteur fährt ihr Auto auf eine Hebebühne. Der Motor ist immer noch an. Alles ist schön gefließt. Ihr Auto wird festgeschnallt, damit es nicht herunterfällt oder selbständig wegfährt. Hektisches Treiben, klapperndes Werkzeug, gellende Rufe quer über den Flur. Das Auto wird weiter in die Vorbereitungshalle gerollt. Ein Spezialist tritt an ihr Auto heran.

Er trifft Vorbereitungen und setzt erste Anschlüsse für Kabel und eine Zufuhrleitung. Dann wird ihr Auto auf der Hebebühne weiter in die Montagehalle gerollt. Dort warten die nächsten Spezialisten bereits. Ein Spezialist bringt die Kabel an und kontrolliert den Motor. Der läuft zu schnell. Das muß an der kalten Luft in der Halle liegen. 150 Umdrehungen pro Minute. Normal wären 130 Umdrehungen pro Minute. Ist aber gerade noch im grünen Bereich. (Ups, ich habe bei den Umdrehungen überall noch eine Null vergessen. Setzen Sie die doch bitte mal noch dran, damit es stimmt. Danke.) Dieser Spezialist ist auch für weitere Kabel zuständig. Zeitgleich wird jetzt endlich der Zündschlüssel auf die Aus-Position gestellt.

Das Getriebe wird nun gesäubert und aufgeschraubt. In der Getriebewanne hat sich Schnodder angesammelt. Mittels einer Saugvorrichtung wird der Schnodder in ein Behältnis geleitet. Eine gute Werkstatt wie die ihre untersucht noch einmal den Schnodder um Rückschlüsse auf die Ursache des Getriebeschadens ziehen zu können. Nach der Analyse wird der Schnodder im Sondermüll entsorgt und kommt auf eine Mülldeponie oder wird recycelt.

Das Getriebe wird von den Spezialisten wieder zusammengeschraubt. Ups, ein Spezialist hat aus Versehen das Handwerkszeug in der Getriebewanne vergessen. Also, noch einmal Aufschrauben, Herausholen und Zusammenschrauben. Motorhaube wieder zu. Dreimal in die Hände geklatscht, Zündschlüssel auf die An-Position und Sie können ihr Auto wieder in der Abfertigung abholen.

So empfand ich den Vorgang in einem OP-Saal des 21. Jahrhunderts in einem Krankenhaus während einer Kürettage.

Gut, die Spezialisten versuchen bis zum Schluß Positives an den Patienten weiterzugeben und sprechen mit ihm, sofern es die Zeit erlaubt. Auch vergessen die Spezialisten nicht ständig ihr Handwerkszeug irgendwo. Aber vorgekommen ist es schon.

Und auch die Fachbegriffe sind dem OP-Saal angepaßt. So ist der Zündschlüssel der Schlüssel zum bewußten Zustand. Der Motor ist das Herz, das Getriebe der Unterkörper, die Getriebewanne der Uterus, der Schnodder wird Material genannt. Und auch die Spezialisten haben besondere Namen: chirugischer Assistent, Anästesist, Chirurg, Gynäkologe u.s.w. Und das Auto? Das Auto ist dann automatisch der Patient.

Krank?
Halsschmerzen.
Erst glaubte ich, es wären die Nachwirkungen der Narkose. Das ist möglich. Und dennoch bin ich mir ziemlich sicher, daß die Halsschmerzen eine völlig andere Ursache hatten. Schon allein deshalb, weil die Schmerzen schon vor der Narkose begannen. Die Situation im Krankenhaus hat mich so sehr aufgeregt, daß ich hätte schreien wollen. Das tut man aber bei uns nicht. Denn sonst wird man für verrückt erklärt und bekommt eine zusätzliche Infusion mit Beruhigungsmitteln.

In diesem Bewußtsein, schrie ich nicht und schrie doch - in Gedanken. Wenn man schreit, werden normalerweise die Stimmbänder im Hals beansprucht. Schreit man sehr viel, tut der Hals weh. Kaum war ich zu Hause - ich hatte noch nicht einmal Salbeitee zu mir genommen, nur zwei Tassen Ackerschachtelhalmtee zur Blutstillung - und die Halsschmerzen waren wie weggeblasen.

Den restlichen Schmerzen nimmt sich die Natur an. Wie geht das?

Sie fahren erst einmal an das Meer und lassen sich beruhigen.
Und danach, falls das Meer noch nicht alle Wunden heilen konnte, gehen Sie an einem Morgen, auf einen kleinen Hügel. Tau liegt noch auf dem Gras, die Sonne lacht, die Luft ist frisch und klar. Sie können die Berge jetzt noch besser sehen als damals, denn die Bäume wurden gefällt. Zum Glück wachsen aber schon wieder kleine Bäume nach.

Sie nehmen aus einem kleinen Stoffbeutel "Kinnikinnick". Das haben Sie sich schon vor Jahren von einem Powwow-Fest in Nord-Dakota mitgebracht.

Das roch so gut, deshalb haben Sie es mitgenommen. Jetzt streuen Sie es kreisförmig um den Platz, auf den Sie sich setzen wollen. In jede Himmelsrichtung legen Sie noch ein Salbeiblatt.

Warum machen Sie das? Sie wissen es nicht. Sie tun es einfach. Dann setzen Sie sich in den Kreis, schließen die Augen, genießen die Sonne und das Zwitschern der Vögel. Irgendwann öffnen Sie die Augen, lassen die Gedanken schweifen, beginnen Fragen zu stellen.

Plötzlich sehen Sie die Dinge klarer, denn hier und da hebt sich der Nebel vor ihrem geistigen Auge. Sie könnten, wenn Sie wollten, auf den Nebel zugehen.

Doch das lassen Sie lieber sein, denn Sie erinnern sich an eine sehr schöne Landschaft in Dartmoor in Südwestengland. Aber ohne Wissen und Erfahrung würden Sie sich in große Gefahr begeben, wenn Sie wild darauf los stiefeln würden.

Sie schaffen jedoch eins, Sie können Frieden schließen. Mit sich selbst und mit dem "Material", in dem sich einst ein menschliches Wesen befand.

Aber es gibt auch öffentliche Krankenhäuser in Deutschland, die sich trotz hoher bürokratischer Hürden dem Patienten als Menschen widmen, ihnen Zeit, ein Lächeln, Trost und eine Berührung schenken. Derartige Krankenhäuser möchte ich heute schon als Gesundheitshäuser bezeichnen.

●●

Krankheit und Gesundheit

Krankheiten. Wann entstehen Krankheiten?
Immer dann, wenn irgend etwas gesundheitlich aus dem Gleichgewicht
geraten ist.

Schnupfen ist bei Matschwetter keine Seltenheit. Ich brauche nur nasse
Füße zu bekommen. Dann werden die Füße auch noch kalt und wenn
ich mir nun nicht sofort ein warmes Fußbad gönne, dann habe ich ihn -
den Schnupfen. Zum Glück weiß ich das und kann auch sofort handeln.

Weiß ich das nicht, dann kann aus dem Schnupfen sogar eine Erkältung
werden. Und warum?

Mein Körper ist schon arg mit dem Schnupfen beschäftigt. Das sieht das
Erkältungsvirus. „Klasse.", denkt sich das Erkältungsvirus.
„Geschwächter Körper. Da habe ich leichtes Spiel. Da mische ich mit."
Jetzt habe ich auch noch das Erkältungsvirus am Hals. Sollte ich jetzt
etwas tun?

Vielleicht. Denn tue ich nichts, dann könnte ich auch noch anderes
magisch anziehen. Ich könnte so viel anziehen, daß das mein Körper
nicht mehr ertragen kann, und er den Tod vorzieht.

Sie sehen, auch Matschwetter kann tödlich sein. Das kann übrigens auch
die Sonne oder auch unser Essen oder unser Trinken oder ... . Aber das
ist Hausaufgabe.

Alles ist irgendwie eine Frage des Maßes. Und wie bekommen wir das
nun mit dem Maß hin. Dazu müssen wir uns erst einmal des Maßes
bewußt sein.

Schauen wir uns einmal ein Maß an:

●●●

Pocken

WHO: „Pocken wurden 1980 dank globaler Anstrengungen ausgerottet....." ¹)

Das ist ein Bild aus dem Jahre 2007 in Guatemala:

Foto © Gerd Seidel

Und was ist mit den schlummernden Reserven in den Labors dieser Welt?

¹)aus http://www.euro.who.int/document/rc55/gdoc07.pdf,
   EUR/RC55/7 Seite 1

Manchmal kommt es vor lauter Liebe zum Kapital aber auch vor, daß der Mensch ganz vergessen wird. Ärzte machen sich so nahezu fanatisch auf die Suche nach Krankheiten und suggerieren die Gesundheit weg.

Im Volksmund spricht der Mensch dann gern von:
„Ich gehe gesund zum Arzt und komme krank wieder heraus."

Und ist ein Mensch wirklich einmal krank und glücklich bei einer Krankenkasse versichert, dann kann das Unglück passieren, daß die Wirtschaftlichkeit der Krankenkasse die Gesundheit des Menschen nicht erlaubt.

So wird die Krankheit zu einer wirklichen Herausforderung.
Und was ist ein Leben ohne Herausforderungen?

Schön ist es dann, wenn es erfahrene Ärzte gibt, die einem Menschen am CTG (Herztonwehenschreiber), der gern die Geburt seines Kindes in Form von Wellen auf einem Blatt Papier erleben möchte, mitteilt:

„Das CTG hat gar nichts zu sagen. Es ist schon oft vorgekommen, daß der Wehenschreiber nichts anzeigt und kurze Zeit später war das Kind trotzdem da. Gehen Sie erst einmal ins Wehenzimmer und entspannen Sie sich."

●●●●

Homöopathie

Was geschieht, wenn der Wirkstoff gegeben wurde? - eine Frage mit der sich hochrangige Wissenschaftler beschäftigen und noch keine Antwort darauf gefunden haben. Das macht nichts. Irgendwann finden sie es bestimmt heraus, denn die Wissenschaftler sind intelligent.

Eine Krankheit ist ein chaotischer Zustand, eine Disharmonie. Das Chaos weiß aber nicht, daß es chaotisch ist und zerstört. Damit das Chaos das aber lernt, muß es darauf hingewiesen werden.

Man hält ihm einen „Spiegel" vor's „Gesicht" und das in Form des homöopathischen Mittels (das gleiche Chaos in feinstofflicher Dosierung). Nun erschreckt das Chaos, weil es sich selbst erkennt und eigentlich nicht wirklich chaotisch sein möchte. Bei diesem Schreck kommt es oft zu einer heftigen Reaktion (Symptomverschlimmerung).

Genau das ist aber der Klick, der ein Umdenken zur Folge hat. Das Chaos möchte harmonisch werden und begibt sich auf den Weg. Auf diesem Weg muß es sehr viele Prüfungen bestehen, indem ihm immer wieder der „Spiegel" in Form des homöopathischen Mittels vor das „Gesicht" gehalten wird.

Irgendwann hat das Chaos, wenn es stark genug ist, es geschafft und hat sich gewandelt. Nun ist es harmonisch. Die Erinnerung an das Chaos aber bleibt. Die Erfahrungen geben die Kraft, das Chaos im Zaum zu halten.

So einfach ist Homöopathie.

5. Reisen

Auch Reisen kann Medizin sein.

•

Automatisierung

Kürzlich war ich auf dem Weg in die Stadt, wollte mit dem Bus fahren, hielt meine Fahrkarte bereit und wartete auf den freundlichen Fahrer, der sonst immer fährt, meine Fahrkarte liebevoll abstempelt und mir dabei ein Lächeln schenkt. Ich schenke zurück.

Doch diesmal fuhr ein junger Mann mit gegelten Haaren. Ich sagte: "Guten Tag." und hielt meine Fahrkarte hin. Er nickte und sagte: "Dort ist der Automat." Huch, wie konnte ich diesen nur übersehen! Klick. Und dann war ich in der Stadt und ließ mich fotografieren. Ich gebe zu, am Automaten neben dem Supermarkt wäre es billiger gewesen und ich hätte auch nicht so weit laufen müssen. Aber der Automat kann ja auch nicht mit mir sprechen.

Für ein schönes Gespräch und liebevolle Betreuung durch einen Menschen gebe ich gern auch noch ein paar mehr Euro aus und trage damit für den Erhalt eines Arbeitsplatzes bei.

Jetzt wollte ich zur Führerscheinstelle. Ich fragte nach dem Weg, aber so richtig wußte ihn auch keiner. Also - suchen. Erste Station – Finanzamt. Eine liebe verständnisvolle Frau erklärte mir den Weg. Ich merkte mir Landratsamt. Einmal quer durch die Stadt. Da war es. Durch die Glastür - Dooiiing - nun, das habe ich gerade noch so hinbekommen - mit dem Öffnen der Tür.

Ich schaute auf die Wandtafel und suchte "Führerscheinstelle". Da saß eine freundliche Frau in einem Glaskasten und fragte mich: "Kann ich Ihnen helfen." Erfreut nahm ich die Hilfe an und setzte meinen Weg ins nächste Gebäude am ganz anderen Ende der Stadt fort.

Die Führerscheinstelle teilte sich das Gebäude mit dem Arbeitamt, offiziell Bundesagentur für Arbeit genannt. Erdgeschoß: Führerscheinstelle links herum, Arbeitsamt rechts herum. Kurz überlegt. Links herum.

Und da wurde mir von einem lieben jungen Mann wegen meines Führerscheins geholfen. So eine Hilfe kostet natürlich. Und damit Frau bezahlen kann, bekommt sie eine Plastikkarte mit dem Hinweis: „Dort draußen steht der Automat. Da bezahlen Sie bitte." „Aha."

So stand Frau am Automaten mit den vielen Schlitzen und der Plastikkarte. Was nun? Ich probierte einfach einen Schlitz aus. Dann sprach mich plötzlich eine feine Frauenstimme an. Ich schaute mich um. Niemand zu sehen. Erst jetzt begriff ich: 'Mensch, das war der Automat.' Der Automat war mit der Plastikkarte nicht zufrieden und wollte Bares sehen. Das große Geld schob ich durch einen Schlitz oben. Und unten kam dann die Quittung und das Kleingeld heraus.

Nun ging ich noch einmal zu dem lieben Mann an der Führerscheinstelle und durfte meine Angaben auf einen Zettel schreiben. Er suchte inzwischen nach dem Landratsamt, welches meinen alten Führerschein einst ausstellte. Das stand nicht mehr in seiner Liste. Na so etwas. Stimmt. Das alte Landratsamt ist jetzt in einer neuen alten Stadt. Ich war mir aber nicht sicher, ob das Landratsamt nach dieser neuen alten Stadt benannt wurde oder nach der Landschaft, die den neuen Landkreis beschreibt. Beides stimmte. Ja, ich weiß mittlerweile nicht einmal mehr richtig, wo ich eigentlich herkomme! Auf alle Fälle ging ich dann hinaus.

Ein reifer Herr stand vor dem Automaten und meinte: „Das ist aber unpersönlich. Man kommt sich vor wie vor einem Spielautomaten." Auch er steckte großes Geld hinein und kleines Geld kam unten heraus. Ich sagte zu ihm: „Wenn wenigstens mehr Geld heraus kommen würde!" Er lachte, ich lachte. Der Tag war gerettet, Dank eines menschlichen Kommentars.

Und einen stillen Kommentar kann ich mir auch nicht verkneifen:
Warum steht da ein Automat, wenn rechts um die Ecke die Menschen beim Arbeitsamt Schlange stehen?

••

Verantwortung

Wenn wir schon einmal beim Reisen sind – Hauptstadt Berlin. Eine sehr bunte Stadt mit recht vielen Bäumen. Der Berliner geht oft gesenkten Hauptes sprunghaft in Schlängellinien durch seine Stadt.

Der Tourist wundert sich über den Berliner. Dann rusch er aus. „Sch....!" und da liegt er dann auch - mitten im Hundehaufen. Nun lacht im Sprunge innehaltend der Berliner und hebt kurz den Kopf. Und der Tourist? - imitiert ab sofort den Berliner. Fragt man nun den Touristen zu Hause, was er denn gesehen hätte, dann antwortet dieser: „........"

Aber, für wahr, nicht nur Berlin hat dieses Problem. Ich liebe Hunde. Ich liebe aber auch Bäume. Die Bäume in der Stadt sind ziemlich krank. Nicht nur von den Autoabgasen, nein, auch von dem Hundepipi.
Und gibt es irgendwann keine Bäume mehr:
Wo will Herrchen mit dem kleinen Hund ohne Bäume Pipi machen gehen? Kann er so auch gar nicht mehr. Die Luft ist nämlich schon vorher alle.

Da sind wir wieder. Bei der Verantwortung.
So oder so. Letztens hatte ich wieder einmal eine Weltreise gemacht.
Ich sah Berge, Täler, Wasser, Wüsten und natürlich auch Pflanzen und Tiere. Mit Menschen machte ich auch sehr gute Erfahrungen.

So wurde ich in Städte und Dörfer, in Häuser, Jurten, Zelte und Iglus eingeladen. Wir liefen über Felder, durch Wälder, durch Wüsten, überquerten Seen. Die Gastgeber fühlten sich für mich als Gast verantwortlich. Im Gegenzug dazu fühlte ich mich natürlich auch verantwortlich für meine Gastgeber.

Ich brachte ihnen meinen Respekt entgegen und versuchte still und leise von ihnen zu lernen. Natürlich gab es auch Gegenden, die passten nicht ganz zu mir. Die Menschen dort waren aber glücklich und zufrieden. Das respektierte ich und zog weiter - ohne einen Kommentar oder ohne auch nur einzugreifen.

Und dann hatte ich einen Albtraum:

Ich kam in ein Land, da nörgelten die Menschen ständig herum. Wenn einer was war, dann war's der andere. Keiner hatte Zeit für sich selbst, geschweige denn für andere. Die Menschen wußten selbst nicht, wer sie waren, woher sie kamen, wohin sie gehen sollten.
Ist so etwas wichtig?

Sie wurden schnell wütend und dann begannen sie zu zerstören - ihre Städte, ihre Landschaften. Landschaften? Es gab doch Landschaften: Medienlandschaften. Da konnten sie keinen Schaden anrichten. Sie mußten sich nicht einmal bewegen. Alles passierte von selbst. Das war wie im Schlaraffenland.........

Jetzt brauche ich frische Luft. Kommen Sie mit in den Wald? Auf geht's.

„Guten Morgen, Frau Nachbarin. Heute hat es wieder herrlich geschneit! Das macht richtig Spaß, im Schnee zu laufen! Warten Sie, ich helfe Ihnen beim Schneeschaufeln. Gemeinsam geht es besser!"
„Oh, dort weint ein Kind!" Kommen Sie, wir trösten es. Dort hinten, der ältere Herr. Er trägt eine schwere Tasche. Wir helfen ihm. Es gibt so viel zu tun. Da haben wir es gar nicht bis zum Wald geschafft. Und trotzdem war es ein sehr schöner Tag, denn wir haben etwas getan. Nicht viel, nur ein bißchen.

Vor einiger Zeit kam die älteste Tochter mit einer Liste. Sie sagte: "Mama, diese Tiere habe ich gerettet." Auf der Liste stand: Schmetterling, Marienkäfer, Fisch in der Ostsee, Regenwurm, Vogel auf dem Balkon. Diese Tochter war 7 Jahre jung.

●●●

Am Hohen Stein

Ein roter Mann zeigt auf den Boden und danach auf den Kreis des Lebens am Hohen Stein. Er erklärt, was dies für ihn bedeutet, was er für sein persönliches Leben damit verbindet und bittet um Fragen.

Eine weiße Frau fragt, was er denn konkret für die Umwelt tut.

Und der rote Mann zeigt ihr, was er tut.

Und was tut die weiße Frau?

●●●●

Medizinreisen

13 Monate in den USA. Als sie zurückkam, hätte sie die Welt einreißen können. Sie war voller Tatendrang, wollte eine gute Arbeit in ihrem Beruf. Also schrieb sie Bewerbungen – X-Bewerbungen. Doch hatte sie keine Chance, denn sie war zu jung mit ihren 21 Jahren, hatte keine Berufserfahrung – wie man ihr deutlich zu verstehen gab. Wie aber Berufserfahrung erhalten, wenn sie nicht in ihrem Beruf arbeiten durfte. Ein Teufelskreis.

Dem gab sie sich hin. Sie zerfraß sich innerlich, wurde krank und sollte Pillen nehmen, die sie natürlich nicht nahm. Stattdessen nahm sie ihr letztes Geld von Gelegenheits-Jobs und kaufte sich ein Flugticket irgendwohin.

Es war nach Monastir in Tunesien. Sie hatte nur den Hin- und Rückflug gebucht, kein Hotel. Am Flughafen begann das Abenteuer: als europäische Frau allein in einem nordafrikanischen Staat......

Doch hatte sie sehr viele nette Bekanntschaften schließen können, während sie so durch das Land reiste.

Ganz früh morgens wartete sie an einem Taxistand in Tunis. Dieses Taxi fuhr sie nach Kairouan. Und da stand sie - in dieser Stadt und wartete auf ein Taxi, daß sie nach Tozeur bringen sollte. Das Taxi wartete auch - nämlich auf genügend Menschen, die mitfahren wollten. Stunden vergingen. Es war ganz angenehm. Die junge Frau beobachtete die Menschen, unterhielt sich gelegentlich in gebrochenem Französisch mit ihnen und genoß die Sonne.

Es war schon Mittag. Die Reisenden waren fast vollzählig. Plötzlich stürmten alle Richtung Bushaltestelle. Nanu? Als die junge Frau begriff, daß ein Bus gerade nach Tozeur fuhr, war er schon abgefahren. Also wartete sie wieder Stunden. Wieder fanden sich Menschen ein. Einer fehlte noch. Da machte sie aus sich zwei Personen, so daß das Taxi endlich losfahren konnte. Das konnte der Tunesier gar nicht verstehen.

Er nahm das Angebot trotzdem an. Es war eine ganz gemütliche Reise. Kurz vor Tozeur sammelte der Taxifahrer während der Fahrt das Geld ein. Die Fenster waren offen. Etwas Geld flog davon. Er machte eine Vollbremsung. Nun suchten alle das Geld in der Wüste. Er fand es recht eigenartig, daß sich eine europäische Frau an der Suche beteiligte. Sie fanden das Geld. Er wartete auf die junge Frau, bis auch sie den Weg zum Auto fand und dann kamen die Menschen dieses Taxis in Tozeur am Abend an.

Ein weiteres schönes Erlebnis war das in der Wüste Sahara:

Da saß sie nun am Fuße der Wüste und dachte so vor sich hin... 'Mensch, jetzt bist du in der Wüste'. Irgendwann stand ein reifer Berber vor ihr und wunderte sich, warum sie sich die Wüste so eindringlich ansah. Er bot sich an, mit ihr zusammen eine Tour in eine Zeltstadt irgendwo mitten in der Sahara zu unternehmen. Sie überlegte kurz und sagte: „Ja". Der Berber fragte sie noch, ob sie denn keine Angst hätte .... so allein.... mit ihm. Er könnte sie berauben oder ermorden? Die Frau fragte ihn, ob er diese Frage gestellt hätte, wenn er das tun wollte. Er lächelte.
Also vereinbarten sie einen Preis, holten das Kamel von seinem Hof im

Dorf und die Reise begann. Es war später Nachmittag. Die Wüste war noch sehr heiß. Sie setzten Fuß um Fuß in den heißen Sand. Irgendwann saß die junge Frau auf dem Kamel. Irgendwann zog ein lauer Wind auf. Dieser laue Wind wurde zu einem Sturm.

Der Sand der Sahara war erbarmungslos. Eigentlich war es Staub, der überall eindringt – in Augen, Ohren, Nase, Mund. Selbst ein Gesichtsschutz half nicht. Sie verlor dabei einige Sinne: Riechen, Schmecken, Hören, Sprechen, Sehen. Irgendwann fiel ihr selbst das Atmen sehr schwer. Dann war der Zeitpunkt gekommen, wo eine Stimme sagte: „Laß los. Schmeiß alles von dir." Das tat sie dann auch. Dieser Sturm wurde zu einer einmaligen Erfahrung.

Zu Hause angekommen, tätigte sie einen einzigen Anruf, wurde eingeladen und bekam daraufhin einen Job, von dem sie nie zuvor gewagt hätte, auch nur zu träumen.

6. Am Ende folgt immer ein neuer Anfang

●

Von einer die auszog, das Fürchten zu lernen

Märchen, Geschichten, Legenden, Sagen, Mythen - wer kennt sie nicht?

Jeder Mensch wird in ein Volk hineingeboren. So unterschiedlich jedes Volk und somit auch seine Märchen, Geschichten, Legenden, Sagen und Mythen sind, so gleichen sie sich dennoch in ihrer Essenz. In ihnen werden Erfahrungen weitergegeben. Sie reflektieren einen Standpunkt, eine Momentaufnahme und zeigen den Beweggrund.

Das Märchen von Armut und Reichtum oder
Wo beginnt die erste Welt und wo hört die dritte Welt auf?

In Mexiko ging eine Frau auf einen traditionellen Markt. Dort lachen die Menschen viel, unterhalten sich und versuchen einander zu helfen. Zwei Kinder hielten die Hand auf: "Un Peso por favor." (Einen Peso, bitte.) Nun gab diese Frau kein Geld aus, bei dem sie nicht wußte wofür - meistens jedenfalls. Außerdem sollten Kinder doch spielen und auch arbeiten, um zu lernen und um mit Werten vertraut zu werden. Sie sah jedoch, daß die Gesichter der Kinder von Hunger gezeichnet waren. So kaufte sie zwei Viertel Hähnchen zu 20 Pesos und gab sie den beiden Kindern. Die Kinder nahmen diese Hähnchen mit einem herzlichen dankbaren Lächeln entgegen und teilten sie mit ihrer Familie, die da in der Ecke im Dreck saß und Freundschaftsbänder sowie Gürtel an Touristen verkaufte. Die Frau schämte sich ihrer Armut, diesen Kindern keine ganzen Hähnchen gekauft zu haben, denn sie hatte noch Geld in der Geldbörse.

Wieder auf einem traditionellen Markt, kaufte sie Baby-Bananen zu 8 Pesos. Ihr waren diese Bananen aber 10 Pesos wert. Der Händler gab ihr trotzdem 2 Pesos zurück, denn er wollte keine 10 Pesos für Bananen, die für ihn nur 8 Pesos wert waren.

Auf dem modernen Flughafen in Cancun, wo jeder für sich auf einer Rolltreppe einsam hastig hin und her rollte, war sie sehr durstig. Sie hatte noch exakt 10 Pesos übrig und wollte dafür ein kleines Wasser. Das kostete mehr als 10 Pesos. Also blieb sie durstig, obwohl sie Geld hatte. Auf einem traditionellen Markt in San Christobal de las Casas bekommt Frau für 10 Pesos eine Mandarinen-Pyramide (6 Stück), eine riesige saftige Ananas, ca. 20 Baby-Bananen oder einen frisch gepressten Fruchtsaft. Davon kann Frau einen ganzen Tag leben.

Und nun müßte es noch irgendwie weitergehen, damit wir diese Geschichte mit: „... Und wenn sie nicht gestorben sind, dann leben sie noch heute" als schönes Märchen beenden können und sie unseren Kindern am Kamin oder Lagerfeuer erzählen können. So enden die meisten Märchen aus den europäischen Völkergemeinschaften.

Doch soweit sind wir noch nicht. Vielmehr geht es um Kopf oder Zahl? Oder doch eher darum, die Zahlen gefühlvoll so zu verändern, daß sie im Kopf wieder stimmen!!!!!!

In anderen Völkergemeinschaften enden die Märchen nicht mit: „... Und wenn sie nicht gestorben sind, dann leben sie noch heute." Warum? Diese Völker von denen ich spreche, nennen sich:

Hach winik - Menschen
Inuit - Menschen
Yanomami - Menschen
.....

Aber soviel weiß ich: Diese Menschen wissen, daß sie noch nicht gestorben sind. Sie leben noch. Sie kennen ihre Ahnen - auch aus Märchen, Geschichten, Legenden, Sagen, Mythen. Noch überleben sie und wir mit Ihnen.

Das Phyllodrom in Leipzig:

Menschen gehen als Fremde auf eine Insel mitten im Pazifik und helfen zusammen mit den dort überlebenden Völkern, von denen einst sehr viele auf dieser Insel lebten, das zu retten, was andere Fremde zertraten und immer noch zertreten. Obwohl sie gerade eine Havarie in ihrem kleinen Museum hatten und mitten im Chaos steckten, waren sie so freundlich und zeigten mir in aller Ruhe die Ausstellung. Auch ließen sie mich an den Geschichten von verschiedenen Völkern teilhaben:

"Einst überfiel ein Volk heimtückisch ein anderes Volk und metzelte das eine Volk erbarmungslos nieder. Die Toten schmissen sie einfach in eine Lehmgrube. Doch nicht alle waren tot. Einige überlebten schwer verletzt und entstiegen blut- und lehmverschmiert aus der Grube. So gingen Sie in ihr Dorf zurück, in dem sie einst wohnten und in dem nun das andere Volk seine Freudentänze tanzte. Als diese die taumelnden Totgeglaubten mit ihren Lehm-"kostümen" erblickten, nahmen sie vor Schreck reiß aus.
Seit dieser Zeit gibt es den Tanz mit der Lehmmaske."

Doch es geht auch anders - ohne Blut und Schreck auf dieser Insel:

Manchmal wollen zwei Völker einfach ihre Kräfte messen. Dann stellen sie sich einfach gegenüber und fangen an zu trommeln. Manchmal ist das Trommeln des einen Volkes so beeindruckend, daß sich das andere Volk geschlagen gibt, ohne sich zu schlagen.

Wir können uns mit Gewalt schlagen oder auch sanft. Es liegt an UNS!!!! Geben SIE sich geschlagen? Das müssen Sie nicht. Ich kämpfe gern. Aber nur MIT Ihnen, nicht gegen Sie. Es gibt viele Menschen, die MITEINANDER kämpfen: einfache Menschen, Wissenschaftler, Vereine, ja sogar einzelne Politiker und Unternehmer. Jeder kämpft für sich in seiner Nische. Das ist gut.

Aber manchmal ist es auch gut, wenn sie aus ihrer Nische herauskommen und gemeinsam miteinander kämpfen, um die einzelnen Nischen zu einem Weltbild zu formen. Nicht mit Waffen. Das kennen wir schon. Vielmehr mit dem Geist und den schaffenden Händen. Fangen wir mit einer anderen Geschichte an? Vielleicht wird ein Märchen daraus. Die enden immer gut.

Im Phyllodrom war man sehr traurig, daß es nur wenige Menschen gibt, die sich für den Regenwald und die Zusammenhänge für unsere Erde interessieren. Auch an der Bildung unserer Kinder wird an den Schulen diesbezüglich gespart. Da gibt es weniger Geographie, Biologie, Geschichte. Und im Fach Religion/Ethik werden meist nur drei Weltreligionen behandelt. Ich habe vergessen zu fragen, welche der vielen Religionen, aber auch Philosophien, Natur- und Ahnenverehrungen unserer Welt.

Es gibt Lehrer, die gehen zum Beispiel mit ihren Schülern in ein Museum für Völkerkunde, um sich Geschichten in einer Jurte, vorgetragen von Mitarbeitern des Museums, anzuhören oder die sich Hinduismus und Buddhismus vor einem Altar in diesem Museum zeigen lassen.

Somit geben sie den Schülern die Möglichkeit, Philosophien, Natur- und Ahnenverehrungen sowie Religionen der Welt zu erfahren.

Noch schöner ist es allerdings, all die wunderschönen Kostbarkeiten von den Menschen erfahren zu können, die es leben, solange sie leben und wir mit Ihnen. Und wie machen wir das?

Respekt und Toleranz.
Respekt und Toleranz.

Dann kommt der Frieden von ganz allein zu uns.

Ich danke dem Feuer, das mein Herz taktvoll schlagen läßt. Ich danke dem Feuer, das mir Wärme gibt ohne mich zu verbrennen.

Ich danke dem Wasser, das mich in koordinierter Bewegung hält. Ich danke dem Wasser, das mich erfrischt ohne mich dabei zu überschwemmen.

Ich danke der Erde, die mich sein läßt. Ich danke der Erde, daß sie mich trägt.

Ich danke dem Wind, der mir die klaren Gedanken schenkt. Ich danke dem Wind, der mich frei atmen läßt.

Ich danke der Familie, daß sie die Stricke zusammenhält.

Und wer ist die Familie?
Damit ich niemanden vergesse, gehe ich auf Nummer sicher und sage: „Das Leben, das mich umgibt."

7. Bilder von Mexiko und Guatemala 2007/2008

Palenque 2007

Agua Azul 2007

Yaxchilan 2007

in Panajachel (Guatemala) 2008

Drei Vulkane und den 4. können wir uns weiter rechts vorstellen – Atitlan-See
(Guatemala) 2008

Mexiko: 21. März 2008 – Chichen Itza – Haus des Kukulkan
„Manchmal ist es ein Schatten, der die Masse bewegt."

8. Jenseits des Atlantiks

•

Ein Fischerdorf

Vor noch wenigen Jahren, war Cancun in Mexiko ein kleines Fischerdorf, das Fische fischte. Heute fischen Haie und ködern mit Beton, welcher sich die Küstenlinie entlang zieht und das Meer nicht mehr erkennen läßt. Im Treibnetz tummeln sich Touristen aus vielen Ländern der Welt wie ein Schwarm Makrelen - zur Freude der Haie, die mit ihren Fischfarmen für ein ausgeglichenes Gleichgewicht sorgen?

••

Ein Landleben

1994 besuchte sie die USA und reiste mit ein paar Freunden aus Schweden und Frankreich sehr gerne durch die Ferne. Einmal waren sie im sogenannten Amish Country. In Mexiko gibt es ähnliche Menschen, die Mennoniten. Was sind das für Menschen?

Auch sie kamen von Europa nach Amerika. Sie wären gern in Europa geblieben, doch konnten sie nicht. Ihre Art zu leben, wurde nicht respektiert. Verfolgung und Vertreibung war das Resultat. So verließen sie das Land und fanden eine neue Bleibe in Amerika.

Da waren sie also, vier junge Frauen mitten im Amisch-Land:

Es ist beeindruckend, wie diese Menschen es schaffen, an ihren Traditionen festzuhalten. Sie leben in ihrer engen Gemeinschaft, die Halt gibt und gleichzeitig Grenzen gegenüber dem technischen Fortschritt setzt. Gegenüber Fremden sind sie sehr zurückhaltend und scheu. Sie selbst wirken aber sehr zufrieden und ausgeglichen.

Das haben die vier jungen Mädels respektiert und irgendwie auch verstanden. Doch für die amischen Menschen interessierten sie sich natürlich schon, denn irgendwie hatten sie auch europäische Vorfahren.

So versuchten sie einen Trick: Auf einer Anhöhe nahe eines Bauernhofes hielten die vier jungen Frauen ihr Auto an, öffneten die Motorklappe und schauten interessiert hinein. Das sah ein reifer Mann, der gerade mit der Arbeit auf dem Bauernhof beschäftigt war und kam auf sie zu. Er fragte, ob er helfen könnte.

Die junge Frau aus Schweden bedankte sich in englischer Sprache und bedeutete ihm, daß alles in Ordnung wäre. Der Mann fragte die jungen Frauen nach ihrer Herkunft. Sie antworteten und er wandte sich an die deutsche junge Frau, um sich mit ihr zu unterhalten – kurz – auf Deutsch.

Sie verstanden ihre deutschen Sprachen nur mit Müh und Not. Seine Sprache erinnerte an einen südwestdeutschen Dialekt und sie sprach hochdeutsch.

Trotzdem freuten sich beide sehr. Er, daß er mit einem Menschen aus der alten Heimat und sie, daß sie mit einem Menschen aus einer Kultur mit Tradition gesprochen hatte.

Und dennoch darf sich auch jeder Mensch eines Volkes - gleich in welchem Land, auf welchem Kontinent er lebt - die Fragen stellen:

Wie bringe ich meine Kultur und Tradition heute ins morgen ein und behalte dabei mein Gesicht?

Wie bringe ich die Vergangenheit mit der Gegenwart in Einklang, damit wir eine Zukunft haben?

Wie lebe ich meine Kultur und lasse auch die anderen Kulturen leben?

Wie kann ich den anderen dabei helfen, sich selbst zu helfen?

Institutionen

„Einen Peso, bitte." ertönen kleine Kinderstimmen und halten die Hand auf. Eine Frau setzt sich vor eine Kirche und bastelt blaue Vögel aus quadratischem Papier. „Einen Vogel, bitte." erklingt es kurze Zeit später, selbst dann noch, als der Regen vom Himmel fällt. Ein kleines Tzoltzil-Mädchen kommt auf die Frau zu und legt ihr mit den deutschen Worten: „Ein Geschenk." ein farbenfreudiges Freundschaftsband um den Arm.

Eine Kirche in Chamula. Vor 13 Jahren lebte eine Kultur mit Kerzen, Räucherzeremonien und rhythmischen Rezitationen zusammen mit einer anderen Kultur in einer Institution. 13 Jahre später existiert die Jungfrau von Guadalupe unter modernem flackernden Neonlicht.

Es ist sehr schön, wenn man von jemandem irgend woher einen Blumenstrauß mit den buntesten Farben erhält. Man kann einen solchen Blumenstrauß auch gerne annehmen und in eine Vase stellen.

Und dann? Was geschieht, wenn man diesen Blumenstrauß gegen die schöne Blume samt Wurzel im Garten eintauscht, die da aus einem Samenkorn gewachsen ist, im Boden sich mit tiefen Wurzeln fest verankert hat und wächst bis sie die Blüte erreicht hat und neuen Samen geben kann für die nächsten Blumen?

Der Baum gibt uns die Luft zum Atmen.

Viele Pflanzen besiedeln höhere, lichthelle Äste von Wirtsbäumen, weil sie in der Dunkelheit des Urwaldbodens nicht wachsen können. Moose, Farne, Orchideen, Bromelien gehören dazu und werden „Aufsitzerpflanzen" (Epiphyten) genannt.

Undankbare Aufsitzer sind die Baumwürger, z.B. Die Würgefeige. Ihre Wurzeln wachsen – ganz unscheinbar – durch die Luft am Stamm entlang zu Boden. Dort bekommen sie Nahrung und verholzen zu einem starken Geflecht rings um den Stamm.

Der Wirtsbaum wird erwürgt.

Experten werden eingeflogen. Der Wald wird gefällt. Ein Fluss wird gestaut, Wasser wird in elektrische Energie transformiert und diese Energie wiederum wird in ein Regenwald-Dorf transportiert. Leute versprechen diesen Menschen den Himmel auf Erden und setzen ihnen die Pistole auf die Brust, die genau dann losgeht, wenn die Stromrechnung nicht bezahlt wurde.

Doch schießen sie nicht sofort los. Sie versprechen noch mehr Himmel auf Erden und warten auf noch mehr unbezahlte Stromrechnungen - sie gewähren sozusagen Kreditfetzen *. Das gewähren sie so lange, bis genügend Kreditfetzen * gesammelt wurden und sammeln dann das ganze Dorf und den Regenwald gleich mit ein.

Nun kennen sich diese Leute recht gut mit Kreditfetzen * aus. Mit Gardinen vor den Augen sehen sie den Wald vor lauter Bäumen nicht und äschern ihn ein. Jetzt sehen auch sie den "Wald" und realisieren, daß die Kugel, die sie aus ihrer Pistole geschossen haben ein Querschläger ist, der auch bei ihnen einschlagen wird.

* Kreditfetzen (aus dem sächsischen Sprachraum) = Gardinen (auf hochdeutsch)

Identität

Eine Federkrone aus Mexiko in Wien.

Was ist das? Wie kommt sie dahin? Warum soll sie zurückgegeben werden?

Da mögen die Ansichten noch so weit auseinandergehen, so war, ist und bleibt es doch im großen und ganzen ein mexikanisches Kulturgut.

Haben wir in Europa nicht auch Kulturgüter?
Haben wir. Kennen wir ihre Bedeutung?

So gibt es zum Beispiel eine sehr alte Kreisgrabenanlage unweit meines Geburtsortes.

Auch am Rande des Dorfes, in dem mein Mann geboren wurde, gibt es einen Kreis, die den Namen „Wallanlage Wasserburg" trägt.

Eine Burganlage? Möglich. Wobei der benachbarten Anhöhe aus strategischer Sicht diesbezüglich eine viel höhere Bedeutung zuzuschreiben ist. Das Gelände kann von dort aus viel besser beobachtet und gegebenenfalls verteidigt werden.

Auf alle Fälle ergibt sich die Frage nach der Identität: Wer bin ich? Was ist das für ein Dorf, in dem ich aufwuchs? Was ist das für ein Land? Was ist das für ein Kontinent, Planet, Sonnensystem, Galaxis, Universum, ...?

Vergangenheit, Gegenwart, Zukunft. Gern können wir mit Hilfe moderner wissenschaftlicher Methoden in der Gegenwart, Rückschlüsse aus der Vergangenheit ziehen, um diese dann auch in die Zukunft einfließen zu lassen. Wir können uns auch streiten, wann wer wo wie warum das Rad gefunden hat. Was soll das?

Die einen fahren gern mit einem Rad und meinen, sie sind damit schneller. Andere nehmen gern ein Rad und schauen damit in die Vergangenheit, Gegenwart und Zukunft. Und wiederum andere tun beides. Je nachdem womit sich jeder identifizieren kann.

Identität im Personalausweis, im Reisepass.
Diese Dokumente zeigen das auf, was man mit zwei gesunden Augen und einem Mund zum Sprechen auch vom Pass-Inhaber persönlich erfahren könnte.

Identifikation:

Eine Frau kam nach einem längeren Aufenthalt aus dem Ausland ins Inland zurück. Sie suchte Arbeit unter anderem auch auf dem Arbeitsamt. Bevor sie eine Arbeit erhalten konnte, mußte sie sich erst einmal identifizieren. Dazu gab es Formulare mit Identifikationsschlüsseln.

Doch der Identifikationsschlüssel von dem Menschen aus dem Ausland fehlte.

Ohne Identifikation kein Mensch? Oder: Ein Mensch ohne Identität?

Das Zertifikat, das Diplom, das Doktorat, die Professur sind sehr schöne Dokumente. Sie sagen etwas über das Wissen des Menschen aus. Das kann man sich sogar kaufen. Doch ist das der Weisheit letzter Schluß?

Identität:

Einst lebte ein Mann in einem kleinen Dorf als Rentmeister auf einem Anwesen. Er wirtschaftete so gut, daß er von dem Überschuß schöne Wohnhäuser für die Angestellten bauen ließ. Noch heute erinnern sich die Menschen des Dorfes mit Achtung an diesen Mann. Er selbst verkaufte sein Haus und nahm das Ersparte, um in einem anderen Dorf etwas anderes aufzubauen.

Für einen kurzen Moment hatte er viel Geld und kein Zuhause. Und genau in diesem Moment verursachten andere eine Wirtschaftskrise. Das Geld war plötzlich nur noch eine Mahlzeit wert - die Henkersmahlzeit? Könnte man meinen.

Zusammen mit einem anderen Menschen schufen sie gemeinsam glücklich über einige Jahre hinweg ein Paradies, ein ansehnliches Stück: Feld, Wiese, Weide, Gebäude, Garten, Wirtschaftswege, Teiche und Graben, Hutung, Wald.

Dann kam der Krieg. Städte brannten und Menschen verloren ihr Zuhause. Da nahm er seinen Traktor mit Anhänger und holte einige dieser Menschen aus der Hölle zu sich nach Hause. Dann kam noch eine Diktatur. Ihm drohte, wieder der Verlust des Paradieses. Er verlor es nicht, weil man sich daran erinnerte, daß er Menschen aus der Hölle gerettet hatte........ .

Ein Auszug aus dem Tagebuch

Dienstag, 16. Januar 2007:
Zurück aus dem Urwald, einen Kreis gedreht – und den Pfeil, den Pfeil des Affen, von den Hach winik, habe ich immer noch im Rucksack. Obwohl, auf dem Rückweg von Naha nach Palenque saßen zwei reife Hach winik mit mir im Collectivo. Ich bin sicher, die hätten mit dem Pfeil noch etwas anfangen können. Sie strahlten so etwas aus.

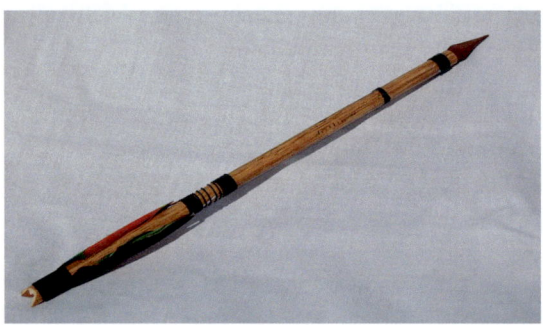

Naha: Überlandleitungen für Strom, Antennen und Limonade globaler Unternehmen selbst in der Lagune mitten im Urwald. Geschlafen habe ich wie die meisten im Dorf: in einem Bretterhaus mit Blechdach. Ich hätte sogar in einem Betonhaus schlafen können - für extra Geld. Erst später entdeckte ich am Ende des Dorfes noch die Möglichkeit relativ traditionell in einer Palmhütte eine Hängematte aufspannen zu können. Aber wer lebt heute noch so?

Ein Lied, ein Kinderlied, von einer 14-Jährigen – damals vor 21 Jahren:

Wenn die Sonne abends schlafen geht
und der Mond seine Augen hebt
geh'n die Menschen auf der Erde bald zu Bett.

Wenn der Mond morgens schlafen geht
und die Sonne ihre Augen hebt,
geh'n die Menschen auf der Erde aus dem Bett.

—•—

Morgen?

Und was essen wir morgen? Was jagen wir morgen? Die Früchte der Natur oder jagen wir lieber dem Gelde nach, von dem wir uns am Ende ein schönes Mahl zubereiten wollen:

200-Peso-Schnitzel mit panierten 10-Peso-Stückchen, dazu 2-Peso-Münzen zu 100-Peso-Röllchen gewickelt und das ganze recht hübsch mit 1-Peso-Stückchen am Tellerrand dekoriert. Nun wird es auf einer Aktienplatte serviert.

Guten Appetit!

Wann fängt *wer* an?

9. Persönliche Erfahrungen

•

Fernsehen

Wenn ich in den Wald gehe und nehme ein Fernglas mit, dann sehe ich die Tiere in der Ferne plötzlich ganz nah. Ich kann natürlich auch fernsehen. Da können auch manchmal die Tiere im Wald beobachtet werden. Danach wird mein Interesse geweckt und ich komme doch tatsächlich auf die Idee, mich von dem Fernsehgerät zu lösen und gehe höchstpersönlich in den Wald.

Das Fernsehen. Wer kennt es nicht?

••

Schwarz und weiß und was liegt dazwischen?

Ein Bild:

Obwohl wir alle in einer Welt leben, hat jeder seine eigenen Erfahrungen. Leid und Freude. Hass und Liebe. All diese Dinge liegen sehr dicht beieinander. Einige Menschen wurden in die sogenannte erste Welt hineingeboren. Ich wurde in die sogenannte zweite Welt hineingeboren und wiederum andere kommen aus der sogenannten dritten Welt.

Gibt es noch mehr Welten? Schauen wir uns doch einmal um:

In Bulgarien schüttelt man zum Beispiel mit dem Kopf und meint "ja." Bei uns würde das genau das Gegenteil bedeuten. Stellen Sie sich nun die große Verwirrung vor, man weiß das nicht und macht sich auch nicht die Mühe, dies zu verstehen.

Und es gibt sie, diese Verwirrung.
Dem einen wurden irgendwann die Haare abgeschnitten, ohne nach dem "ja" oder "nein" zu fragen; ohne zu fragen, ob die langen Haare vielleicht irgendeine Bedeutung für diesen Menschen haben. Es wurde einfach gemacht. Die Haare wachsen zwar wieder nach, die seelische Wunde vernarbte, bei ganz bestimmten Situationen kann diese Wunde aber wieder aufbrechen. Dann braucht man sehr viel Kraft, um die Selbstbeherrschung nicht zu verlieren.

Es gibt sehr viele Menschen, die im großen wie im kleinen nach Verständnis und Veränderung streben. Sie streben nicht nur, sie tun auch etwas. Indem sie Dinge tun, geschehen mitunter auch Fehler. Nehmen wir diese Fehler als Lehre an und machen anders weiter.

Tun. Hier eine kleine Geschichte aus der Tierwelt – der Welt der Ameise:

Tagein, tagaus arbeitet die Ameise im Takt der Erde und Rhythmus der Sonne. Dabei trägt sie Lasten, die das Vielfache ihres eigenen Körpergewichts übersteigt. Schafft sie ein Hindernis nicht allein, eilen ihre Artgenossen zu Hilfe. Auf diese Weise schafft sie kleine Wunder, baut natürliche Pfade durch den dichtesten Dschungel und kleine Staaten, in denen sie lebt. Sie tut das still und leise. So leise, daß die Menschenwelt sie oftmals nicht bemerkt und auf der Ameisenwelt herumtrampelt. Sie erträgt selbst das und macht maximal mit einem leichten Brennen auf der Haut auf sich aufmerksam.

Das Business der Ameise ist die Sauberkeit. Und dafür benötigt sie weder jemanden, der sie beaufsichtigt, noch Standards, bunte grafische Darstellungen oder gar Zukunftsanalysen. Die Zukunft ergibt sich einfach aus den Erfahrungen von gestern und dem heutigen Tun.

●●●

Geschäftsbrief der anderen Art

An die, die es betreffen könnte

Ein internationales Projekt in Deutschland

Es ist 12.00 Uhr – Mittagszeit
Ein Kunde kommt in das Büro: „Ich habe ein großes Problem! Wir müssen das diskutieren! Sofort!"
Der Chef sagt freundlich: „Nun.... Es ist 12.00 Uhr. Jeder weiß, um 12.00 Uhr ist Mittagszeit. Wir sind um 12.30 wieder für Sie da."
Der Kunde sehr aufgeregt: „Aber es ist eine wirklich brennende Sache!"
Der Chef langsam: „12.30 Uhr."
Der Kunde geht.
Die Assistentin im Büro fragt: „Warum haben Sie sich sein Problem nicht angehört?"
Der Chef setzt sich und genießt seinen Lunch.
Dann sagt er:

„Die, die wirklich ein Problem haben,
die, die wirklich in Bedrängnis geraten sind,
die, die wirklich interessiert sind,
die kommen wieder.
Die anderen sind vielleicht verärgert. - nun gut.
Aber letzten Endes werden sie lernen, ihre eigenen Probleme zu lösen."

Der Chef schließt seine Augen und entspannt sich. Und das tut auch die Assistentin.

71

Am Schreibtisch

Und wenn ich schon einmal so relaxed auf einem Business-Stuhl sitze, dann kann ich zwischenzeitlich auch viele schöne Reisen unternehmen. Mit dem Finger auf dem Globus? Das auch ein bißchen, wenn ich will.

Doch Vorsicht bitte, wenn Sie mit mir reisen! Diese Geschichte hat es in sich, denn wir reisen in unseren Gedanken:

Was brauchen wir?
Badekleidung, Sonnenschutz und Mückenschreck in einem Koffer?
Das müssen Sie selbst wissen.

Auf geht es zu unserer Reise. Eine Reise der Sinne, Erinnerungen, Erfahrungen und Phantasie:

Tauchen im Meer, ganz tief sogar, bis wir dem Anglerfisch in der Tiefsee begegnen....? Oder doch lieber zum Clownfisch in den Korallenriffen des Roten Meeres?

eine Rundreise nach Tunesien?

oder nach Ägypten zu den Pyramiden von Gizeh?

Oder dem Sphinx?

Kurz auf den Uluru in Australien - herrlich - so mitten in der Wüste.......?

Nach Lhasa im Tibet?

Nach Mexiko. Kommen Sie mit? Auf geht's.

Wir steigen in ein Flugzeug und kommen in Cancun an, nehmen den Bus und fahren los: Richtung Uxmal. Wir brauchen noch ein paar Maisfladen, Obst und Gemüse für die Reise. Wir halten in Muna und finden auch tatsächlich etwas: Die süßen Mangos, saftigen Mandarinen, reifen Bananen, vorzüglichen Papajas, erfrischenden Kokosnüsse .....und knackige Äpfel gibt es auch..........Weiter geht es.

Schauen wir uns als erstes Uxmal an. Die Legende vom Zwerg besagt, daß das Haus des Zauberers in nur einer Nacht erbaut worden sei. Chaak – der Regen, ist überall an den Gebäuden. Dort gibt es viel zu sehen. Lassen wir uns Zeit....

Nun fahren wir weiter direkt nach Chamula. Dort gibt es eine Kirche. Wir klopfen einmal vorsichtig an die Tür. Oh, es wird geöffnet. Können Sie Tzoltzil? Denn ich kann nur ein paar Worte Nahuatl. Bevor ich andere Völker besuche, weiß ich immer gern vier Redewendungen:

Guten Tag. Bitte. Danke. Auf Wiedersehen.

Den Rest dazwischen, bekommt man dann meist mit Händen und Füßen und manchmal mit den bloßen Gedanken hin. Sehen Sie, die Tzoltziles müssen unsere Gedanken gelesen haben. Sie winken uns herein. Oh, herrlich, wie das hier duftet. Und der Rauch, die tiefen andächtigen Laute, die rhythmisierten Sprüche ..... . Da hinten ist noch Platz. Wir setzen uns einfach dazu. Was jetzt passiert? Sehen, einfach nur sehen.

Nächstes Ziel: Die Ruinen von Palenque. Wir übernachten in unseren Hängematten mitten im tropischen Regenwald: der Duft des Waldes....., das Zirpsen der Zikaden....., das Brüllen der Brüllaffen..... ; und sind früh kurz vor Sonnenaufgang auf dem Tempel der Inschriften.

Und da passiert es:

Die Venus verblasst. Langsam schiebt sich ein roter Ball über die Bäume. In diesem Moment erwacht das Leben. Wie eine riesige unsichtbare Welle hebt uns der Schall Richtung Sonne. Für kurze Zeit lösen sich die Beine scheinbar vom Boden. Emotional fühle ich gleichzeitig eine solche Kraft, ein derartiges Glücksgefühl, daß mir die Tränen kommen. Der Blick durch meine Tränen potenziert diese Kraft des Glücksgefühls, so daß ich mich für einen Moment mit dem Regenwald vereint fühle. Wir genießen es und warten, bis sich die Sonne gelb verfärbt...... und gehen weiter.

Da hinten im Urwald gab es einen wunderschönen Platz, damals vor 13 Jahren war ein Fels. Dort rieselte das Wasser ganz langsam herunter. Welch eine Wonne!

Die Lakandonen in ihren weißen Gewändern sind auch schon angekommen. Von ihnen sagt man, sie wären die letzten Nachfahren der Mayas, die hier im Regenwald bis vor wenigen Jahrzehnten unberührt ihren Traditionen nachgehen konnten. Vor 13 Jahren erhielt ich von ihnen neun Pfeile und einen Bogen. Ob sie mir bei der Reparatur des defekten Pfeiles - dem Pfeil des Affen - noch helfen können? .....

Jetzt gehen wir erst einmal nach Agua Azul. Wir baden dort. Vorher genießen wir aber noch den Misol-Ha-Wasserfall bevor wir zum Rio Usumacinta weiterfahren.

Hier ist die Straße zu Ende.
Der Fluß beginnt.

Dort gibt es Motorboote!
Das erinnert mich an die Everglades in Florida/USA.

Da kann man auch mit sehr lauten Gefährten über die Everglades und... Krokodile fahren. Ich ging damals zu einer Informationsstelle. Hier war eine Rangerin und ein Mann vom Volke der Miccosukee. Ich fragte nach einem Kanu, um das rauschende Gras im Winde und das Schnattern der Krokodile in dieser herrlichen Graslandschaft geniesen zu können.

Ganz erschrocken schauten mich die braunen Augen des Miccosukee an. So schraubte ich meine Erwartungen herunter und fragte nach etwas weniger Lautem, um die Everglades zu entdecken. Die gleichen Augen schauten mich an. In diesem Moment fragte ich mich, wer von uns beiden der Indigena war: Der Miccosukee oder ich. Schließlich haben wir uns dann doch für das sehr laute Ding entschieden, womit uns ein Miccosukee zu einem Dorf mitten in den Everglades brachte. Ganz zum Schluß fuhr der Miccosukee auch noch über ein Krokodil. Das war zuviel. Dieser Mensch hat von uns kein Trinkgeld bekommen.

Doch zurück zum Usumacinta. Dort ganz versteckt im Gebüsch - ein Einbaum - und zwei Paddel sind auch dabei. Wie für uns gemacht.

Ups, – ein Loch im Boot. Was machen wir jetzt?

Da fällt mir das deutsche Volkslied „Wenn der Topf aber nun ein Loch hat" ein.

Das singen wir. Aber woher nehmen wir Stroh? Dieses gibt es hier nicht. Ich hab' es. Palmwedel. Perfekt. Wir flechten ein Geflecht. Im Handarbeitszirkel in der Schule wurde uns das von der Oma einer Klassenkameradin gelehrt. Sehen Sie. So geht es. Jetzt müssen wir das nur noch festkitten. Da hinten - der Baum, der lächelt uns an. Mensch, ausgerechnet ein Kautschukbaum. Das klebt wie Alleskleber aus dem Supermarkt.

Jetzt schieben wir das Boot ins Wasser. Funktioniert. Sie sitzen hinten, übernehmen die Verantwortung und lenken. Ich sitze vorne und paddel wie wild rechts, links, rechts, links. So kommen wir hoffentlich vorwärts. Da haben wir uns aber auch etwas vorgenommen. Das gibt Kraft in den Armen.

Eine herrliche Stille. Was meinen Sie, schaffen wir die Ankunft in Yaxchilan bis zum Einbruch der Dunkelheit. Wir haben immerhin noch acht Stunden. Könnte trotzdem eng werden. Dann schlafen wir eben im Busch. Die Hängematten haben wir zum Glück dabei.

Oh, was ist das für ein Geräusch. Ein Motorboot kommt an uns vorbeigesaust. Das macht aber auch Wellen. Der Einbaum wackelt so komisch. Halten Sie sich fest!! Fast wären wir gekentert. Ob es hier Piranjas gibt? Die können ganz schön beißen. Paddeln wir weiter. Was ist das schon wieder. Fliegt da ein kleines Motorflugzeug kurz über die Baumkronen hinweg und scheucht eine Schar Papageien auf. Nun fliegen diese schönen anmutigen Vögel über unsere Köpfe.

Klack..... Jetzt hat mich ein Papagei noch voll auf der Nase erwischt. Ich habe aber auch ein Glück. Wischen wir das erst einmal weg. Wasser gibt es ja genug. Oh! Da liegt eine rote Feder. Die ist für Sie. Ich hatte schon eine. Die steckte an meiner Pfeife zu Hause.

Bitte nicht! Schon wieder Lärm. Es scheint als wäre man in der Großstadt. Nein! Die großen Bulldozer walzen alles nieder. Und da hinten brennt auch noch der Wald. Kommen Sie, den Bulldozern lassen wir jetzt die Luft aus den Reifen. Es wird Abend sein bis die Luft wieder aufgepumpt ist.

Das habe ich früher beim Fahrrad meines Bruders auch getan. Der war dann richtig sauer. Dafür hat er mir auch die Luft herausgelassen. Und so weiter. Zum Glück haben wir ein Boot. Da kann man keine Luft herauslassen. Da kann man maximal Löcher hineinschlagen. Aber so brutal werden die doch nicht sein - oder? So, die Luft ist raus. Los, machen wir flinke Füße!

Tun Ihnen auch schon die Arme weh? Das schaffen wir - weiter geht's! Schon wieder Lärm. Wer macht da so ein entsetzliches Geschrei? Wir haben es geschafft! Die Brüllaffen in Yaxchilan! Hängen wir uns erst einmal in die Hängematten.

Morgen schauen wir uns hier um und dann geht es zurück zum Ausgangspunkt. Machen wir weiter?
Wir fahren nach Bacalar.

Ganz in der Nähe gibt es eine Cenote, eines von vielen der schachtartigen Kalksteinlöcher, die durch den Einsturz einer Höhle entstanden sind und die durch ein unterirdisches Wassersystem mit Süßwasser gespeist werden. Dort können wir uns wieder erfrischen.

Nun besorgen wir unsere Vorräte auf dem Markt von Bacalar. Es fällt uns schwer eine Entscheidung zu treffen. Zu bunt und vielseitig ist das Angebot an leckeren Früchten in allen Größen: Erdbeeren, Bananen, Ananas, Mangos, Papajas... . Auch die frisch zubereiteten Speisen, wie Mais mit Limone und Chilli, gefüllte Tortillas, Hühnchen, wohlriechende Suppen und viele Gerichte, deren Namen ich nicht kenne.

Weiter geht es zum Meer.

Tulum am Morgen – wie die Wellen sanft den weißen Strand berühren und die weiße Krone der Welle im Sand versinkt..... . Lassen wir uns die salzigen Meeresbrisen um die Nase wehen..... . Sind Sie noch da? Wir fahren noch an einen einsamen Strand und übernachten zwischen Kokospalmen. Mal sehen, ob ich den Ort wiederfinde. Da gab es nichts außer Ruhe.

Oh, vor lauter Ruhe haben wir ganz die Zeit vergessen. Unser Flugzeug ist ohne uns abgeflogen. Haben Sie noch Geld dabei, für ein neues Flugticket? Ich auch nicht. So schauen wir uns erst einmal Chichen Itza an. Mit den Finanzen, das schaffen wir schon irgendwie.

Da fällt mir ein, es geht auch ohne Geld – Wir reisen doch in Gedanken. Also, von Chichen Itza nach Cancun, dort wartet das Flugzeug und ab geht es über Kuba, Nassau und dem Rest des Atlantiks zurück.

Das ist kostenlos. Ob nun umsonst? Das müssen Sie für sich selbst entscheiden.

Und wie manifestieren wir nun diese Reise in der Realität? Das ist gar nicht so einfach. Obwohl, eigentlich ist sie schon manifestiert. Marx und Engels manifestierten sich im Kommunistischen Manifest, das andere dann versuchten, real umzusetzen. Heutige Politiker manifestieren sich in Parteiprogrammen, die keiner liest geschweige denn umsetzt. Andere schreiben Briefe und machen später ein Buch daraus und wiederum andere manifestierten sich durch den Bau von Bauwerken mitten in den Urwald; diese wurden vom Urwald aus irgend welchen Gründen überwuchert und kommen nach Jahrhunderten urplötzlich wieder zum Vorschein.

Und ich habe da schon so eine ganz tolle zivilisierte Idee, wie wir die Mittel für die reale Reise erhalten:

Wir bilden ein internationales Konsortium, suchen uns Experten, fliegen nach Mexiko und bauen mit den dort ansässigen Experten eine Erdöl-Raffinerie direkt vor die Tore von Mexico-City. Nein, keine gute Idee! Da gibt es schon zu viel. Was halten Sie von Puebla? Das ist besser. Da stimmt auch die Infrastruktur.

So kann es gleich losgehen. Wir brauchen von der Grundsteinlegung bis zum Entzünden der Fackel ca. 4 Jahre. Weiterhin brauchen wir ca. 4000 Arbeiter für diese Zeit. 250 von diesen Arbeitern können wir auch noch danach für den Betrieb gebrauchen. Die restlichen Arbeiter müssen wir anschließend entlassen. Da kümmern sich dann die Politiker drum. Das geht uns nichts mehr an. Jetzt müssen wir nur noch schauen, wo wir das Erdöl herbekommen.

Das ist Ihr Job. Das schaffen Sie bestimmt.

Wir machen dabei so viel Geld, daß wir uns bereits nach 15 Jahren eine unendliche Reise verdient haben. Die Industrie-Ruine hinterlassen wir dabei einfach der Nachwelt. Soll die sich um die Altlasten kümmern.

Ja oder nein?

Das wäre die Realität, die wir von einem Schreibtisch aus nun so oder so formen können.
Sind wir ein Team?

Überlegen Sie bitte genau. Was haben wir beide jetzt gemacht?
Ist Ihnen bewußt, was ich mit der Manifestation dieser Gedanken auf Papier entfacht haben könnte?
Ziehen Sie sich warm an, denn es wird jetzt kalt.

Unfrieden, den wieder einmal die Deutschen zu verantworten haben? Auf alle Fälle wird diesmal in den Geschichtsbüchern stehen: "Die Lakandonen waren es." Und warum? Weil keiner die Tatsache sieht, daß zwei Ausländer die Luft aus den Reifen von Bulldozern gelassen haben. Jeder macht die Lakandonen dafür verantwortlich, denn die wohnen ja irgendwie dort.

Nachdem wir die Luft herausgelassen haben, sind die Waldarbeiter wütend und rächen sich an den Lakandonen, denn das können nur die gewesen sein. Wir sind ja schon weg. Die Lakandonen wissen von nichts und streiten alles ab. Es kommt zu Kampfhandlungen. Die Waldarbeiter gehen zum mexikanischen Präsidenten. Der wiederum fühlt sich nun völlig überfordert. In seiner Verzweiflung holt er sich Hilfe – in den USA.

Die wittern ihre Chance und wollen nun auch die Demokratie in den letzten Winkel des Regenwaldes bringen. Die Lakandonen werden zu Terroristen erklärt. Die Rüstungsindustrie reibt sich die Hände. Nun können die neuesten technischen Wunderwerke ausprobiert werden. Damit ist der Weg zum Einsatz von ABC-Waffen frei. Die USA gehen auf Nummer sicher, denn sie haben aus dem Irak-Unfrieden schon gelernt. Also fangen sie gleich mit A an. Ein riesiger Pilz steigt über Yucatan auf. Dadurch fühlt sich Kuba provoziert. Kuba erinnert sich an den Bruderstaat China und bittet um Unterstützung.

China wiederum wittert seine Chance, die Weltherrschaft zu erreichen und schießt los. Jetzt kriegt der Russe Angst. Er schießt auch noch mit. Europa mittendrin muß sich natürlich auch wieder einmischen. Die Entwicklungshilfe für Afrika bricht nun vollends zusammen. Leider haben die Menschen in Afrika durch die ständige „Hilfe" verlernt auf eigenen Füßen zu stehen. Die Menschen verhungern einfach. Australien, außen vor, fühlt sich, so ganz allein im Frieden, irgendwie deplaziert und sucht sich auch noch seinen Platz im Unfrieden.

Und dann?

Keine Sorge, ich habe die Medizin schon dabei. Dazu müssen Sie allerdings noch einmal mit mir auf die Reise gehen. Auf geht's.

Wir ziehen uns blau an. Nein, dann werden wir mit den Waldarbeitern verwechselt und müssen mitmachen. Wir ziehen uns grün an? Nein, dann verwechseln sie uns mit dem Förster und erschießen uns gleich. Wir ziehen uns bunt an. Genau. Schwarz, Rot, Gold! So ist gleich bekannt, woher wir kommen. Oder doch besser anders herum: Rot, Gelb, Schwarz und dann nehmen wir noch eine weiße Fahne in die Hand.

Nun verteilen wir Suppe. Die haben wir schon extra vorher vorbereitet und zeigen den Waldarbeitern den Tropischen Regenwald mit seinen Schätzen und zeigen ihnen, was es bedeutet, wenn all die Schätze zerstört sind.

Aber auch ich achte zu Hause darauf, was ich tue, was ich einkaufe, woher ich es kaufe, ob ich das wirklich auch brauche, und womit ich mir die Nase putze. Jeder einzelne fühlt sich verantwortlich und ist sich seiner Kraft bewußt - na gut, fast jeder - und strebt nach Veränderung.

Es ist schon nicht so einfach, wenn alle babeln - wie der Sachse sagen würde. Aber vielleicht trifft man sich irgendwann einmal wieder am Turm zu(m) Babel(n).

Ich gebe zu, diese „Entführung" in solch eine „phantastische" Geschichte mit direkten Bezügen zur Realität ist sehr gewagt.

Doch es gibt genau in diesem Moment eine Realität, die ist keine Phantasie:

Auch wir in Deutschland und anderen Ländern und Kontinenten müssen noch viel lernen. So "verteidigen" wir doch tatsächlich immer noch die "Freiheit" am Hindukusch während US-amerikanische Kampfjets immer wieder einmal knapp über die Dächer von deutschen Dörfern fliegen und nicht nur unsere Tochter in Angst und Panik versetzen. Dabei ist die russische Armee schon kurz nach der europäischen Wende 1989 zurück nach Russland. Dafür haben wir jetzt russische Unternehmen bei uns, die uns nach Belieben den Ölhahn der ehemaligen "Erdölleitung Freundschaft" auf- und zudrehen können.

Das soeben Geschriebene dürfte nicht nur sprachliche Verwirrung sein. Nein, ohne Bescheiden sein zu wollen, das ist bereits "Kunst im völligen Durcheinander". Und jetzt benötigen wir die "Kunst der Fuge", um hier eine Ordnung zu kreieren. Das geht uns alle an.

Bei allem Respekt vor Fortschritt und Globalisierung. Aber wenn ein Dorf nicht in der Lage ist, aus sich selbst heraus leben zu können – was dann?

Nachwort

Ich mache weiter, heute noch.

Was?

Vom Traum.........

Ein Mensch stand vor einem Feld und blickte auf die vielen schönen Kräuter, die da so wuchsen: Löwenzahn, Sauerampfer, Brennesseln, Mausekutteln, Ackerschachtelhalm, Spitz- und Breitwegerich und und und - schön umrahmt von Büschen und Bäumen an einem klaren Bach.

'Da kann man lecker Salat draus machen und heilenden Tee kochen', überlegte der Mensch so vor sich hin. 'Man könnte aber auch die ein oder andere Kultur dezent dazwischen pflanzen - Kartoffeln zum Beispiel für eine wohlschmeckende Kartoffelsuppe oder Kartoffelpüree oder Bratkartoffeln oder.... . Die Kräuter können wir auch noch obendrauf streuen.

Dann schmeckt es unter den schattenspendenden Bäumen noch leckerer. Im Gebüsch tummeln sich kleine Vöglein, Schmetterlinge, Käfer und selbst eine kleine Spitzmaus schaut aus dem Busch heraus. Der klare Bach singt sein Liedchen während die Forelle lustig im Takt der Wellen aus dem Wasser springt.'

..........hin zur Realität.

Und *wo* fangen wir an?

Bei den Menschen, die sich unter uns verstecken.
Und sehr oft finden wir diesen Menschen ausgerechnet in uns selbst.

Wie?

Danksagung

Vielen Dank allen Menschen, die an der Verwirklichung dieses Buches teilnahmen.

Ganz besonderer Dank gilt in diesem Zusammenhang meinen vier Kindern und meinem Mann, die Geduld und Verständnis für die Arbeit ihrer Mutter und Ehefrau aufbrachten, damit die Gedanken reifen konnten; meinen Eltern und Schwiegereltern ohne deren Unterstützung die Reisen nach Mexiko und Guatemala nicht möglich gewesen wären und die auch sonst stets mit Rat und Tat zur Seite standen.

Bedanken möchte ich mich auch bei all den lieben Menschen, die mich als Lehrer und Lehrerinnen begleiteten und immer noch begleiten, bei all den Menschen, die mich unterstützten und immer noch unterstützen.

Dabei trägt jeder Einzelne auf seine ganz persönliche Art bei und so sage ich – Danke, auch an all jene, die gerade in diesem Moment in meinem Unterbewußtsein schlummern und somit in der nun folgenden chronologischen Aufzählung nicht erwähnt werden:

der Grundschullehrerin, die uns 6 Jahre liebevoll begleitete.

der Musiklehrerin, die mir die Grundbegriffe des Gitarrenspiels beibrachte.

der Chorleiter, der uns die Musik erleben ließ.

Mary, Dick, Katie und Jane, deren Familie ich ein Jahr in den USA begleiten durfte.

den Hach winik (bzw. Lakandonen, wie sie offiziell genannt werden) in den Resten der Selva Virgina in Mexiko. Von ihnen erhielt ich 1994 neun Pfeile und einen Bogen an den Ruinen von Palenque nachdem ich einen wunderbaren Sonnenaufgang auf dem Haus der Inschriften erlebte.

Sid aus England für die Weiterreichung seiner Erfahrungen.

den Tänzern vom Powwow 1996 in Bismarck (ND) USA.

der Künstlerin, die mich die Grundlagen der Aquarellmalerei lehrte,

der traditionellen mexikanischen Tanzgruppe unter Leitung von Senior Xokonoschtletl Gomora für deren bewegende Musik und Tänze.

Gabi, die für Kinder und engagierte Eltern ein Herz hat.

Senior Sergio Castro, der auf die wunderbare Vielfalt der mexikanischen Indigenas in seinem Museum aufmerksam macht und sich für deren kulturellen Erhalt auf friedlichem Wege bemüht.

der Zapotekin in Cancun (Mexiko), die nach den Worten ihrer Muttersprache sucht.

einem Hach Winik aus Naha, mit dem ich im Januar 2007 von Naha zurück nach Palenque fuhr und der mir ein Lächeln schenkte.

Christine und Christoph für ihre menschliche und geistige Unterstützung.

Calvin aus Baltimore/USA für unsere Gespräche.

Gerd, der Vorträge über seine Erfahrungen bei den Mayas hält und mit dem Erlös das tägliche Essen für die Kinder der Schule in Oana (Atitlan-See, Guatemala) finanziert. Danke auch für unsere Gespräche und die Anregungen, die ich von ihm erhielt.

Uda mit einer Woche im Harz, die den Anstoß für die Freiheit dieser Worte in diesem Buch gab.

Pedro, einem Indigena und Vulkanführer, der mich auf den San Pedro-Vulkan am Atitlan-See, Guatemala begleitete.

Thomas für die Tasse Cappuccino in der La Galeria in Panajachel, Guatemala

Philipp, einem deutschen Studenten in den USA, der spontan seine letzten Quetzales für die Kinder der Schule in Oana spendete und der in Chile für die Installation der Wasserversorgung für eine Schule für Waisenkinder sorgt.

Frau Nadja Stepanova aus Buriatien (Sibirien), die am Mondsee in Österreich meine Hände nahm und sagte: „Gehen Sie endlich ihren Weg."

Der Medicina Mexihka – eine indigene Medizin, die durch Menschen wie Seniora Eloxochitl Ivonne M. Buendia Sanchez auch an interessierte Menschen in Europa weitergegeben wird.

Jana, die einfach da ist, wenn sie gebraucht wird.

Lydia für ihre Hinweise und Korrekturen im Buch.

Sylvia für ihre Hinweise aus ihrem Erfahrungsbereich als Schriftstellerin.

Und ich danke mir, daß ich mir die Zeit genommen habe, dieses Buch zu schreiben.

Warum danken?

Das ist Herzenssache.